LES
NOMS HISTORIQUES
ET GÉOGRAPHIQUES
DES
RUES DE PARIS

LES

NOMS HISTORIQUES

ET GÉOGRAPHIQUES

DES

RUES DE PARIS

PAR

MARC J. DE ROSSIENY.

PARIS
CHEZ TOUS LES LIBRAIRES
ET AU BUREAU DE L'ÉCLECTIQUE
Rue des Saints-Pères, 40

1870

PRÉFACE

Les rues de l'ancien Paris tiraient leurs noms d'une enseigne, d'un hôtel, d'un propriétaire des terrains ou d'une industrie quelconque. Ces noms étaient bien souvent grossiers, ridicules ou obscènes ; ils ont disparu, en grande partie, dans la transformation de la ville, et ont fait place à d'autres qui, par l'importance qu'on y attache, constituent de véritables monuments destinés à perpétuer la mémoire des hommes qui se sont distingués dans les sciences, les lettres, les arts, la guerre, l'administration, la magistrature, ou à consacrer le souvenir de grandes victoires et d'événements politiques.

J'ai réuni ces notices biographiques sous une forme concise, et exempte d'ornements superflus, ne voulant offrir au public qu'un livre utile et peu coûteux.

Marc J. de Rossiény.

LES
NOMS HISTORIQUES
ET GÉOGRAPHIQUES
DES
RUES DE PARIS

ABBATUCCI. Né en 1791, ancien magistrat, député et ministre de la justice. M. en 1857.

ABBÉ-DE-L'ÉPÉE. Né en 1712, consacra ses soins et sa fortune à l'éducation des sourds-muets, dont il fonda l'institution à Paris. M. en 1789.

ABBÉ GROULT. Né en 1760, vicaire-général d'Autun, évêque de Nevers, fondateur d'un séminaire. M. en 1847.

ABBÉ LA SALLE. Né en 1651, chanoine de Reims, institua les frères des écoles chrétiennes. M. en 1719.

ABBEVILLE. Ch.-l. d'arr. dans le dép. de la Somme.

ABOUKIR. Petite ville de la Basse-Égypte, célèbre par la bataille navale où Nelson détruisit la flotte française en 1798, et par la victoire que

5,000 Français remportèrent sur 15,000 Turcs en 1799.

ADAM. Né en 1813, célèbre compositeur français, auteur du *Postillon de Lonjumeau*. M. en 1847.

AFFRE. Né en 1793, archevêque de Paris, mort le 27 juin 1848 d'une blessure qu'il reçut le 25 sur la place de la Bastille.

AGUESSEAU. Nom d'un conseiller honoraire au Parlement, au XVIIe s.

ALBE. Célèbre famille espagnole, dont un membre fut, sous Philippe II, au XVIe siècle, vice-roi des Pays-Bas, qu'il fit soulever par ses cruautés.

ALEMBERT. Né en 1717, célèbre littérateur français, membre de l'Académie française ; publia avec Diderot l'*Encyclopédie*. Mort en 1763.

ALÉSIA. Ville de la Gaule lyonnaise, qui soutint un siége fameux contre J. César, l'an 52 av. Jésus-Christ.

ALGER. Capitale de l'Algérie, fut conquise sous Charles X, en 1830.

ALIBERT. Né en 1766, médecin fr., auteur de la *Physiologie des passions* et de plusieurs traités sur les maladies de la peau. M. en 1837.

ALIGRE. Né en 1726. Premier président au parlement de Paris. M. en 1798.

ALLAIS (St). Né en 1773. Célèbre généalogiste. M. en 1842.

ALLEMAGNE. Vaste contrée, située au centre de l'Europe.

ALMA. Rivière de Crimée, près de laquelle l'armée française battit les Russes le 20 septembre 1854.

ALPHAND. Né en 1817. Ingénieur en chef des embellissements de Paris, auxiliaire très zélé de M. Haussmann dans la transformation de la capitale.

ALSACE. Prov. allemande, réunie à la France sous Louis XIV.

AMAND (St). Evêque de Bordeaux au ve siècle.

AMBROISE (St). Né vers 340. Père de l'église latine. M. en 397.

AMBROISE PARÉ. Né en 1517. Habile et savant chirurgien. Mort en 1590.

AMELOT. Ministre secrétaire d'Etat au dép. de Paris, en 1777.

AMPÈRE. Né en 1775. Savant célèbre par ses immortels travaux sur l'électro-magnétisme. M. en 1836.

AMSTERDAM. Anc. cap. de la Hollande.

AMYOT. Le meilleur écrivain du xvie siècle, traducteur des œuvres complètes de Plutarque. M. en 1593.

ANASTASE (St). Persan d'origine, souffrit le martyre en Assyrie, en 628.

ANDRÉ (St). L'un des douze apôtres, martyrisé à Patras.

ANDRIEUX. Né en 1757. Littérateur et poëte comique, membre de L'Académie française. M. en 1833.

ANDROUET. Architecte du xvi⁰ siècle, constructeur du Pont-Neuf.

ANGOULÊME (du Temple). Né en 1775. Grand prieur de France. M. en 1844.

ANGOULÊME (St-Honoré), en l'honneur du fils du comte d'Artois, duc d'Angoulême.

ANJOU (quai). Gaston de France, duc d'Anjou, second fils de Henri IV.

ANJOU (St-Honoré). Né en 1551. Henri III roi de France de 1574 à 1589. Mort assassiné.

ANNE (Ste), épouse de St Joachim, grand-mère de J.-C.

ANTOINE (St). Né en 251, se retira dans un désert de la Thébaïde, où il fonda plusieurs couvents. M. en 350.

ANTOINE DUBOIS. Né en 1756. Habile médecin, professeur de chirurgie, fit partie de l'expédition d'Egypte. Mort en 1887.

ARAGO. Né en 1786, célèbre astronome, directeur de l'Observatoire de Paris, secrétaire perpétuel de l'Académie des sciences, un des chefs de la République de 1848. M. en 1852.

ARCOLE. Nom d'un jeune homme, mort courageusement près de l'Hôtel de Ville, le 28 juillet 1830.

ARDENNES, Dép. dont le ch -l. est Mézières.

ARGENSON Nom d'une famille de Touraine, qui a compté parmi ses membres des ambassadeurs, des ministres d'État et des académiciens.

ARGENTEUIL. Petite ville des environs de Paris arr. de Versailles, où fut élevée Héloïse et où elle se retira en 1120.

ARGONNE. Pays surnommé les *Thermopyles françaises* à cause de ses défilés et célèbre par la campagne qu'y fit Dumouriez, en 1792, contre les Prussiens qu'il vainquit à Valmy.

ARGOUT, né en 1782. Ancien ministre, sénateur et membre de l'Institut M en 1858.

ARNAUD (St-), né en 1798. Ministre de la guerre et maréchal de France, commanda l'expédition de Crimée et remporta la victoire d'Alma. M. er 1854.

ASNIÈRES. Com. de l'arr. de St-Denis.

ASSAS. Capitaine au régiment d'Auvergne, se distingua par sa bravoure dans la guerre de Westphalie et périt victime d'un dévouement sublime, dans la nuit du 15 oct. 1760.

ATHÈNES. Ancienne capitale de l'Attique, depuis 1834 cap. du roy. de Grèce.

AUBER, né en 1782. Célèbre compositeur fr., membre de l'Institut, directeur du Conservatoire, auteur de la *Muette de Portici*, *Fra Diavolo*, *Rêve d'Amour* et de beaucoup d'autres chefs-d'œuvre.

AUBERVILLIERS. Com. de l'arr. de St-Denis.

AUBIGNÉ, né en 1550. Intrépide calviniste, général de Henri IV, auteur de nombreux ouvrages, entre autres les *Tragiques*, satire en vers, et une *Histoire universelle*, brûlée par arrêt du Parlement. M en 1630.

AUBRIOT. Prévôt des marchands sous Charles V, fit bâtir la Bastille où il fut enfermé un des premiers. M. en 1382

AUDRAN. Nom de plusieurs peintres et graveurs qui se sont distingués au XVII⁰ siècle.

AUGER, né en 1772. Littérateur et critique distingué, membre de l'Académie fr M. en 1829.

AUMALE, né en 1822, fils du roi Louis-Philippe. Se signala par de brillants faits d'armes en Algérie.

AUSTERLITZ. Ville de Moravie où Napoléon Ier remporta une grande victoire sur les Russes et les Autrichiens, le 2 décembre 1805.

AVOIE (Ste). A vécu au XII⁰ siècle et fut canonisée en 1266.

BABILLE, avocat au Parlement. Echevin de la ville de Paris en 1762 et 1763.

BABYLONE. Doit son nom à Bernard de Ste-Thérèse, évêque de Babylone.

BAGNEUX. Village du dép. de la Seine.

BAGNOLET. Com. de l'arr. de St-Denis.

BAILLET. Trésorier de Charles X.

BAILLIF. Surintendant de la musique du roi Henri IV.

BALZAC, né en 1799. Auteur ingénieux et original d'un grand nombre de romans, compris sous le titre général de *Comédie humaine*. M. en 1850.

BARBANÈGRE, né 1792. Général fr. d'une grande bravoure. Mort en 1830.

BARBETTE. Prévôt des marchands et maître des Monnaies, en 1298.

BARROIS. Province qui forma le duché de Bar et qui aujourd'hui est comprise dans le dép. de la Meuse.

BARTHÉLEMI. Membre du Conseil général du dép. de la Seine, en 1848.

BASSANO. Né en 1763. Diplomate et ministre des affaires étrangères. M. en 1839.

BASSOMPIERRE. Né en 1579. Maréchal de France; déplut au cardinal de Richelieu qui l'enferma à la Bastille. Auteur de mémoires intéressants. M. en 1640.

BASTILLE. Prison d'État qui fut prise et détruite les 24 et 25 juillet 1789.

BAUDELIQUE. Né en 1746 Célèbre professeur d'accouchement. M. en 1810.

BAUDIN. Né en 1784. Amiral français d'une grande intrépidité. M. en 1854.

BAUDRICOURT. Gouverneur de Vaucouleurs, accueillit Jeanne d'Arc et l'envoya à Charles VII.

BAUSSET. Né en 1748. Cardinal, membre de l'Académie française, auteur de l'*Histoire de Fénélon* et d'une *Histoire de Bossuet*. M. en 1824.

BAYARD. Né en 1476. Se signala dans les campagnes d'Italie par d'admirables vertus guerrières et morales, qui lui valurent le surnom de *Chevalier sans peur et sans reproche*. M. en 1524 sur le champ de bataille de Romagnano.

BAYEN. Né en 1725. Pharmacien et chimiste, découvrit la propriété fulminante du mercure. M. en 1798.

BÉARN. Ancienne province aujourd'hui comprise dans le département des Basses-Pyrénées, capitale Pau.

BEAUCE. Ancien pays aujourd'hui compris dans le départ. d'Eure-et-Loir, capitale Chartres.

BEAUHARNAIS. Né en 1760. Premier mari de l'Impératrice Joséphine, père du prince Eugène et de la reine Hortense; fut député à l'Assemblée nationale, général en chef de l'armée du Rhin. Guillotiné en 1794.

BEAUJOLAIS. Fils du duc d'Orléans.

BEAUJON. Né en 1718. Riche banquier de la cour de Louis XV, fondateur de l'hospice qui porte son nom. M. en 1786.

BEAUMARCHAIS. Né en 1732. Auteur original et

piquant de *Mémoires* ou *Factums* qui sont des modèles en leur genre. Ses pièces de théâtre les plus remarquables par la peinture vive et satirique des vices contemporains sont : le *Barbier de Séville* et le *Mariage de Figaro*. M. en 1779.

BEAUNE. Chef-lieu d'arr. du dép. de la Côte-d'Or.

BEAUVEAU. Abbesse de Saint-Antoine en 1779.

BECCARIA. Né en 1738. Publiciste italien, auteur du *Traité des délits et des peines*, qui amena une réforme dans la législation criminelle du XVIIIe siècle. M. en 1794.

BEETHOVEN. Né en 1772. Grand musicien allemand, élève d'Haydn, composa des sonates et des symphonies admirables, quoiqu'il fût extrêmement sourd. M. en 1827.

BÉLIDOR. Né en 1697. Célèbre ingénieur français, membre de l'Acad. des sciences. M. en 1761.

BELLART. Né en 1761. Procureur général, député, membre de l'Acad. des sciences. M. en 1761.

BELLAY. Né en 1792. Cardinal et homme d'État. M. en 1560.

BELLEFOND. Abbesse de Montmartre de 1699 à 1717.

BELLIARD. Né en 1769. Général de cavalerie, se distingua en Égypte et dans les guerres d'Allemagne, d'Espagne et de Russie. M. en 1832.

BELLIÈVRE. Premier président au parlement de

Paris, un des fondateurs de la Salpêtrière. M. en 1657.

BELLINI. Né en 1802. Compositeur distingué, ravi par une mort précoce à l'art musical qu'il avait enrichi de plusieurs chefs-d'œuvre, tels que la *Norma* les *Puritains*, etc. M. en 1835.

BELLAY. Né en 1709. Archevêque de Paris et cardinal sous Napoléon Ier. M. en 1808.

BELLOT. Né en 1783. Poète français, a écrit dans le patois méridional. M. en 1855.

BELZUNCE. Né en 1671. Évêque de Marseille, se signala par une grande charité pendant la peste de cette ville en 1720. M. en 1755.

BENJAMIN DELESSERT. Né en 1773. Introduisit en France la fabrication de sucre de betterave et créa les caisses d'épargne. Membre libre de l'Académie des sciences. M. en 1827.

BENOIST (saint). Né en 480. Instituteur de l'ordre religieux des Bénédictins. M. en 543.

BÉRANGER, né en 1780. Poète fr., qui exerce beaucoup d'influence sur l'opinion publique, par ses chansons, dont plusieurs s'élèvent à la hauteur de l'Ode. Mort en 1857.

BERGER, né en 1790. Préfet de la Seine. M. en 1859.

BERLIN. Capitale de la Prusse.

BERNARD (St.), né en 1091. Grand théologien et orateur. M. en 1153

BERNARD-PALISSY, né en 1510. S'illustra par ses

découvertes en géologie et en chimie, créa la céramique en France et fabriqua des poteries qui sont recherchées par la beauté et la singularité de leurs formes. M. en 1589 dans une prison où il avait été mis comme calviniste.

BERNOUILLI. Nom de trois savants mathématiciens Suisses du xvii et xviiie siècle.

BERRI. Né en 1778. Fils de Charles X, assassiné par Louvel, le 13 fév. 1820, en sortant de l'Opéra.

BERRYER. Né en 1790. Illustre avocat, député, un des plus grands orateurs de la France. M. en 1868.

BERTHIER. Né en 1753. Prince de Neufchâtel et de Wagram, maréchal de l'Empire, ministre de la guerre après le 18 brumaire. M. en 1815.

BERTHOLLET. Né en 1748. Savant chimiste, dont les découvertes et les ouvrages firent progresser la science vers un but d'utilité. Il fut sénateur, pair de France et membre de l'Institut. M. en 1822.

BERTON. Né en 1760. Général de brigade, auteur d'un *Précis historique de la bataille de Waterloo*. Fusillé en 1822 comme chef des insurgés contre les Bourbons.

BERTRAND. Né en 1773. Général, grand maréchal sous Napoléon, qu'il suivit par dévouement à l'île d'Elbe et à Ste-Hélène. M. en 1844.

BERVIC. Né en 1756. Célèbre graveur en taille-douce. M. en 1822.

BERZELIUS. Né en 1779. Chimiste Suédois, qui fit faire un progrès immense à la chimie. M. en 1848.

BESSIÈRES. Né en 1768. Maréchal de l'Empire et duc d'Istrie; se distingua dans les guerres d'Allemagne, battit les Espagnols à Medina del Rio, prit part à l'expédition de Russie et fut tué en Prusse dans un combat, en 1813.

BÉTHUNE. Ch.-l. d'arr. du dép. du Pas-de-Calais.

BEUDAND. Né en 1787. Géologue, membre de l'Académie des sciences. M. en 1850.

BEZOUT. Né en 1730. Mathématicien, membre de l'Académie des sciences. M. en 1783.

BICHAT. Né en 1771. Médecin et physiologiste de premier ordre, enlevé dans sa 31e année à la science, à laquelle il avait fait faire des progrès immenses. M. en 1802.

BIGNON. Né en 1774. Homme d'Etat et diplomate, ministre des relations extérieures dans les Cent-Jours, pair de France sous Louis-Philippe, membre de l'Acamédie des sciences morales et politiques, auteur d'une *Histoire de la diplomatie française*, écrite d'après le désir de Napoléon, dont il fut un des légataires. M. en 1842.

BILLARD. Né en 1772, général fr. qui se couvrit de gloire à Wagram. Mort en 1855.

BILLAUD. Né en 1805. Avocat et homme politique, ancien député et représentant, sénateur et ministre. Orateur très-éloquent, soutint au Corps législatif la politique napoléonienne. M. en 1863.

BILLY. Nom d'un général qui fut tué à la bataille d'Iéna.

BIOT. Né en 1774. Célèbre savant, membre de l'Institut. M. en 1862.

BIRAGUE. Né en 1507. Cardinal, un de ceux qui dirigèrent le complot de la Ste-Barthélemy, garde des sceaux sous Charles IX, devint cardinal quoiqu'il ne fût pas même prêtre. M. en 1593.

BIRON. Né en 1524. Maréchal de France, un des plus grands capitaines de son temps. Tué au siège d'Epernay, en 1592.

BISSON. Né en 1796 Marin fr., commandant d'un brick dans l'expédition de Grèce, se fit sauter avec l'équipage pour ne pas se rendre à des pirates. M. en 1827.

BLAINVILLE. Né en 1777. Profond zoologiste, disciple de Cuvier. M. en 1850.

BLAISE (St-). Évêque de Sebaste, en Armenie, fut martyrisé en 316.

BLANCHARD. Né en 1755. Célèbre inventeur du parachute, parvint à donner une direction à l'aérostat, il traversa la Manche de Douvres à Calais. M. en 1809.

BLONDEL. Né en 1617. Architecte fr., a écrit sur

son art un ouvrage estimé et a fait construire la porte St-Denis. M. en 1686.

BOCHARD-DE-SARON. Né en 1730, savant mathématicien et premier président au parlement de Paris. M. sur l'échafaud en 1794.

BOIELDIEU. Né en 1775. Compositeur fr. dont on ne cesse d'applaudir la musique expressive et gracieuse dans tous ses opéras comiques. Son chef-d'œuvre est la *Dame blanche.* M. en 1839.

BOILEAU. Né en 1636. Poète dont les ouvrages sont connus de quiconque a reçu les premiers principes des lettres; dirigea et régla l'essor de la littérature française et fut surnommé le *législateur du goût.* Membre de l'Académie fr. M. en 1711.

BOISSY-D'ANGLAS. Né en 1756. Député à la Convention, la présida le 1er prairial an III. Il fut sénateur sous l'Empire, pair de France sous la Restauration. M. en 1826.

BONAPARTE. Nom d'une famille italienne qui s'établit en Corse au commencement du xviie siècle et qui fut élevée à la dignité impériale en France, en 1804 et 1852.

BONDY. Vill. des environs de Paris.

BORDA. Né en 1733. Capitaine de vaisseau, mathématicien et astronome, membre de l'Académie des sciences, fut un des savants chargés de mesurer aux Boléares un quart du méridien. M. en 1799.

BORDEAUX. Ch.-lieu du dép. de la Gironde.

BORROMEE. Né en 1538. Cardinal et archevêque de Milan, se signala par une grande charité pendant la peste de cette ville en 1576. M. en 1584.

BOSQUET. Né en 1810. Maréchal de France, fit la campagne de Crimée et se couvrit de gloire à la bataille d'Alma. M. en 1861.

BOSSUET. Né en 1627. Evêque de Meaux, membre de l'Acad. fr. et conseiller d'Etat, fut une de ces intelligences d'élite dont s'honore l'humanité ; il porta l'éloquence à une hauteur inconnue avant lui. M. en 1704,

BOUCHARDON. Né en 1698. Célèbre sculpteur. M. en 1762.

BOUCHER. Conseiller du roi et de la ville, échevin de 1773 à 1775.

BOUDREAU. Greffier de la ville en 1780.

BOUFFLERS. Né en 1644. Maréchal de France, commanda l'armée de Flandres en 1702. M. en 1711.

BOUGAINVILLE. Né en 1729 Se rendit célèbre par un voyage autour du monde, pendant lequel il découvrit l'île qui porte son nom, dans la Polynésie ; prit une part glorieuse à l'expédition d'Amérique, et fut membre de l'Institut et sénateur. M. en 1811.

BOULAINVILLIERS. Né en 1658. Historien fr. apologiste du système féodal. M. en 1722.

BOULARD. Né en 1754. Célèbre bibliophile. M. en 1825.

BOURBON. Famille très ancienne, dont une branche, parvenue au trône de Navarre vers le milieu du XVI° s., donna successivement des souverains à la France, à l'Espagne, à Naples et à Parme. Elle ne règne nulle part aujourd'hui.

BOURDALOUE. Né en 1632. Jésuite, placé comme sermonnaire à côté de Bossuet. M. en 1704.

BOURBON. Nom d'un colonel qui fut tué à la bataille d'Austerlitz.

BOURGOGNE. Né en 1682. Petit fils de Louis XIV. M. en 1712.

BOUVINES. Village de l'arrondissement de Lille (Nord) où Philippe-Auguste, à la tête de 50,000 Français, remporta une éclatante victoire sur 200,000 hommes, réunis sous les ordres de l'empereur Othon IV, du comte de Flandres, d'un général Anglais et de plusieurs princes alliés.

BRANTOME. Chef-lieu de canton, arrondissement de Périgueux (Dordogne).

BRÉA. Né en 1790. Général de brigade qui fut tué en juin 1848.

BRÉGUET. Né en 1747. Habile mécanicien et célèbre horloger. M. en 1823.

BRETAGNE. Ancienne province de la France occidentale, formant aujourd'hui 5 départements.

BRETEUIL. Né en 1733. Remplit de hautes fonctions

diplomatiques sous Louis XV, devint, sous Louis XVI, ministre de la maison du roi et chef du ministère à la chute de Necker. M. en 1807.

BRIDAINE. Né en 1701. Missionnaire éloquent dont la prédication produisit dans le Midi un effet prodigieux. M. en 1767.

BRISSAC. Maréchal de France, gouverneur de Paris sous la ligue, profita de son commandement pour livrer cette ville au roi Henri IV en 1594.

BROGNIART. Né en 1739. Architecte célèbre par la construction d'un grand nombre d'édifices, parmi lesquels on distingue celui de la Bourse. M en 1813.

BROUSSAIS. Né en 1772. Célèbre médecin et philosophe matérialiste, membre de l'Académie des sciences morales et politiques. M. en 1838.

BRUANT. Architecte, constructeur de l'Hôtel des Invalides. M. en 1697.

BRULON. Chef-lieu de canton, arrondissement de La Flèche (Sarthe).

BRUNE. Né en 1765. Se distingua comme général en chef en Hollande et en Italie; maréchal de France et gouverneur des villes anséatiques. Périt assassiné à Avignon en 1815.

BRUXELLES. Capitale du royaume de Belgique; a appartenu à la France de 1795 à 1814.

BUDÉ. Prévôt des marchands.

BUFFAULT. Trésorier-honoraire et échevin de 1787 à 1789.

BUFFON. Né en 1707. Grand naturaliste, plus grand écrivain, l'une des quatre premières gloires du xviiie siècle, membre de l'Académie française et de celle des sciences. M. en 1788.

BUGEAUD. Né en 1784. Gouverneur de l'Algérie, maréchal de France et duc d'Isly, après la bataille de ce nom, qu'il remporta en 1834 sur les Marocains. M. en 1849.

CABANIS. Né en 1757. Médecin, litt., philosophe, membre de l'Institut et sénateur, se rendit célèbre par son livre *des Rapports du physique et du moral* où il se déclare matérialiste. M. en 1808.

CAFARELLI. Né en 1756, fit partie de l'expédition d'Egypte comme général de division du génie, rendit de grands services à l'armée, et fut tué devant Saint-Jean d'Acre en 1799.

CAIL. Né en 1804. Grand industriel français.

CAIRE. Capitale de l'Egypte, fut prise par le général Bonaparte en 1798.

CALAIS. Ville forte, chef-lieu de canton, arrondissement de Boulogne (Pas-de-Calais), resta plus de deux siècles entre les mains des Anglais jusqu'en 1558.

CAMBACÉRÈS. Né en 1753. Grand jurisconsulte, membre de la Convention, deuxième consul de la République, prince architrésorier de l'empire. M. en 1829.

CAMBRAI. Ville forte, chef-lieu d'arrondissement (Nord), un traité de paix y fut conclu en 1529, et une ligue contre Venise, en 1508.

CAMBRONNE. Né en 1770. Général de la garde impériale, connu par sa réponse énergique aux ennemis, qui le sommaient de se rendre, après l'avoir enveloppé sur le champ de bataille de Waterloo. M. en 1842.

CAMPO FORMIO. Village du Frioul vénitien, où fut conclu en 1797, le traité de paix du même nom, entre la France et l'Autriche.

CARDINAL FESCH. Né en 1763, oncle maternel de Napoléon, archevêque et grand aumônier de l'empire. M. en 1839.

CARDINAL-LEMOINE. Né au XIII_e siècle, fondateur d'un collége dans cette rue. M. en 1313.

CARNOT. Né en 1753. Membre de la Convention et du Directoire. Il devint ministre dans les Cent-Jours, fit partie du gouvenement provisoire après Waterloo, et fut ensuite exilé comme régicide. M. en 1823.

CARON. Maître général des bâtiments du roi Louis XVI.

CASIMIR DELAVIGNE. Né en 1793. Poète lyrique et dramatique, membre de l'Académie française, fut l'écrivain de son temps le plus sympathique au public par son talent remarquable et par son libéralisme. M. en 1843.

CASIMIR PÉRIER. Né en 1777. Homme d'Etat, président du conseil sous Louis-Philippe. Mourut atteint d'aliénation mentale en 1832.

CASSINI. Né en 1625. Premier directeur de l'observatoire de Paris, où il fit d'importantes découvertes. M. en 1712.

CASTEX. Nom d'un colonel qui fut tué à la bataille d'Austerlitz.

CASTIGLIONE. Ville d'Italie, où le général Bonaparte remporta en 1796, sur les Autrichiens une grande victoire.

CATHERINE (sainte). Morte martyre vers 312.

CATINAT. Né en 1637. Maréchal de France, remporta sur le duc de Savoie la bataille de Staffarde, en 1690 et celle de Marsaille, en 1693 M. en 1712.

CAUMARTIN. Prévôt des marchands de 1778 à 1784.

CÉCILE (sainte). martyrisée vers 175, patronne des musiciens.

CHABROL. Né en 1723. Préfet de la Seine de 1812 à 1830. M. en 1843.

CHALGRIN. Né en 1739. Un des restaurateurs de l'art. Architecte de Louis XVIII, membre de l'Académie des Beaux-Arts. M. en 1821.

CHALONS. Chef-lieu du dép. de la Marne

CHAMBÉRY. Chef-lieu du dép de la Savoie.

CHAMPAGNY. Né en 1756. Conseiller d'Etat, ambassadeur et ministre sous Napoléon, qui le nomma duc de Cadore; fut pair de France sous la Restauration. M. en 1834.

CHAMPIONNET. Né en 1762. Général français, conquit en 1798 le royaume de Naples où il établit la république parthénopéenne. M. en 1800.

CHAMPOLLION. Né en 1790. Savant français qui retrouva et expliqua la langue perdue des hiéroglyphes. M. en 1832.

CHAPPE. Né en 1763. Inventeur du télégraphe à ailes mobiles. M. en 1806.

CHARLEMAGNE. Fils de Pépin-le-Bref, roi de France en 768, empereur d'Occident en 800; régna jusqu'en 814.

CHARLES (saint). A vécu au XIIe siècle.

CHARLES V. Roi de France et de Navarre de 1364 à 1380; il rétablit l'ordre et expulsa les Anglais de France.

CHARLOT. Pauvre paysan du Languedoc qui devint riche financier au XVIIe siècle.

CHAROLAIS. Ancien pays de Bourgogne, aujourd'hui compris dans le département de Saône-et-Loire.

CHARTRES. Né en 1747. Philippe Egalité, duc de Chartres, fit partie de la Convention, y vota la mort de Louis XVI, et bientôt après, accusé d'aspirer au trône, fut envoyé à l'échafaud, en 1793.

CHATEAUBRIAND. Né en 1768, grand écrivain,

membre de l'Acad. fr., pair et ministre des affaires étrangères. M. en 1848.

CHATILLON. Architecte qui donna les plans de l'hôpital Saint-Louis.

CHAUCHAT. Avocat au parlement, échevin de la ville de 1778 à 1780.

CHAUVEAU-LAGARDE. Né en 1765. Célèbre avocat, qui défendit Marie-Antoinette et Charlotte Corday. Mort en 1841.

CHÉNIER. Né en 1763. Auteur d'écrits politiques pleins de verve et de raison, de l'*Appel au peuple* que signa Louis XVI, et de poésies admirables, inspirées par le génie de l'antiquité. M. sur l'échafaud en 1794.

CHERBOURG. Ch.-l. d'arrondissement et port militaire (Manche).

CHÉRUBINI. Né en 1760. Célèbre compositeur italien, directeur du Conservatoire de Paris. M. en 1842.

CHEVERT. Né en 1695. Militaire d'une bravoure héroïque, débuta comme simple soldat, devint lieutenant-général, mais le bâton de général ne lui fut point donné, parce qu'il était né roturier. Mort en 1769.

CHEVÉRUS. Né en 1768. Cardinal et archevêque de Bordeaux. Mort en 1836.

CHINE. Vaste empire de l'Asie orient. dont la capitale est Pékin.

CHOISEUL. Né en 1752. Ambassadeur et membre

de l'Académie fr. et de celle des inscriptions, auteur du *Voyage pittoresque en Grèce*. M. en 1817.

CHORON. Né en 1771. Musicien fr., auteur d'ouvrages estimés sur son art et fondateur d'un institut de musique religieuse. M. en 1834.

CHRISTINE. Née en 1606. Fille du roi Henri IV et de Marie de Médicis. M. en 1663.

CHRISTOPHE-COLOMB. Né en 1441, navigateur génois, dont le génie avait deviné qu'il y avait au-delà de l'Océan des terres inconnues. Découvrit le Nouveau-Monde en 1492, après 65 jours de navigation. Mort en 1506.

CIMAROSA. Né en 1754. Compositeur napolitain d'un grand talent. M. en 1801.

CLAIRE (Ste). Née en 1194, fondatrice de l'ordre dit de Ste-Claire. M. en 1253.

CLAPEYRON. Né en 1799. Ingénieur français, membre de l'Institnt. M. en 1864.

CLARY. Ch.-l. de c., arr. de Cambrai (Nord.)

CLAUDE-LORRAIN. Né en 1600. Le meilleur peintre de paysage des toutes les écoles. M. en 1682.

CLAUDE-VELLEFAUX. Architecte de l'hôpital Saint-Louis.

CLAUSEL. Né en 1772. Général de div. sous l'Empire, gouverneur de l'Algérie et maréchal de France sous Louis-Philippe. M. en 1842.

CLÉMENT.. Né en 1714. Bénédictin, un des auteurs de l'*Art de vérifier les dates*. M. en 1793.

CLOTAIRE (Ier). Né en 497. Fils de Clovis, roi de France de 558 à 561.

CLOVIS. Fils et succ. de Childéric Ier de 481 à 514, fut le véritable fondateur de la monarchie française.

COLBERT. Né en 1619. Contrôl. général des finances et ministre de la marine, l'un des plus grands hommes d'Etat qu'ait eus la France. M. en 1683.

COLMAR. Ch.-l. du département du Haut-Rhin.

COMPIÈGNE. Ch.-l. d'arr. du dép. de l'Oise. Jeanne d'Arc y fut prise, en 1430, par les Anglais.

CONDÉ. Né en 1756. Duc de Bourbon et père du duc d'Enghien fusillé à Vincennes. M. en 1830.

CONDORCET. Né en 1743. Ecrivain célèbre comme savant et comme philosophe, secrétaire perp. de l'Acad. des Sc. et membre de l'Acad. fr.; fit partie de la Convention, y siégea parmi les Girondins, fut proscrit avec eux et s'empoisonna le jour même de son arrestation, en 1794.

CONSTANTINE. Ville d'Algérie, prise d'assaut, en 1837, par les Français.

CONSTANTINOPLE. Capit. de la Turquie d'Europe et de tous les Etats ottomans.

CONTÉ, né en 1755. Peintre et animiste, fit l'expédition d'Egypte où il rendit à l'armée de grands services. M. en 1805.

CONTI. Nom de la branche cadette de la maison de Bourbon Condé.

COPENHAGUE. Capit. du Danemark.

COPERNIC. Né en 1475. Célèbre astronome prussien, qui a détrôné le système de Ptolémée, en démontrant l'immobilité du soleil et sa position centrale entre les planètes tournant autour de lui. M. en 1543.

CORNEILLE. Né en 1606. Le plus grand poète fr., membre de l'Acad. fr. Tout le monde connaît ses immortelles tragédies. M. en 1694.

CORTOT. Sculpteur, auteur de l'*Apothéose* sur l'Arc de Triomphe de l'Etoile.

CORVISART. Né en 1755. Médecin de Napoléon I, a écrit sur les maladies de cœur. M en 1821.

COTENTIN. Pays de la Basse-Normandie, ainsi nommé de Coutances, sa capitale.

COTTE. Président au grand Conseil de Louis XVI.

COUESNON. Rivière de France (Ille-et-Vilaine).

COUSTOU. Né en 1638. Célèbre sculpteur dont les statues décorent Versailles et Paris. M. en 1733.

COYPEL Né en 1628. Peintre estimé, secrétaire perp. de l'Acad. de peinture et auteur d'un traité sur le coloris. M. en 1707.

CRÉBILLON. Né en 1674. Poète tragique, membre de l'Acad. fr. M. en 1762.

CRILLON. Né en 1541. Grand capitaine, ami de Henri IV, qui le nommait le plus brave de son royaume. M. en 1613.

CRIMÉE. Presqu'île entre la mer Noire et la mer Zabache, dans la Russie d'Europe, à laquelle l'isthme de Pérécop la réunit; célèbre campagne de 1854 et 1855.

CRUSSOL. Administrateur du grand prieuré en France, en 1788.

CUJAS. Né en 1520. Grand jurisconsulte. M. en 1590

CUNIN-GRIDAINE. Né en 1778. Industriel fr., anc. ministre. M. en 1859.

CURIAL. Né en 1809. Général fr. et sénateur. M. en 1861.

CUSTINE. Né en 1793. Voyageur et littér. fr. M. en 1857.

CUVIER. Né en 1769. Un des plus grands naturalistes, créateur de la pantologie, fit faire des progrès immenses à l'anatomie comparée et à la géologie, secrétaire perpét. de l'Acad. des sc. M. en 1832.

DAGUERRE. Né en 1787. Peintre fr., inventeur du diorama et de la daguerréotypie. M. en 1851.

DALAYRAC. Né en 1753. Compositeur, dont la musique est pleine de sentiment et de charme. M. en 1800.

DAMIETTE. Ville de la basse Egypte, fut prise par les Français en 1798.

DAMPIERRE, né en 1756. Général fr., mis à la tête de l'armée en remplacement de Dumouriez; il fut tué près de Valenciennes et reçut les honneurs posthumes du Panthéon. M. en 1793.

DAMRÉMONT, né en 1783. Général fr., gouverneur de l'Algérie, emporté par un boulet de canon devant Constantine, au moment où l'assaut allait être livré à cette ville. M. en 1837.

DANCOURT, né en 1671. Acteur et auteur dramatique; ses comédies sont des monuments historiques des mœurs de son temps. M. en 1726.

DANGEAU, né en 1643. Auteur de plusieurs ouvrages de grammaire et membre de l'Acad. fr. M. en 1723.

D'ANVILLE, né en 1697. Savant géographe, membre de l'Acad. des inscript. M. en 1782.

DARU, né en 1767. Membre de l'Institut, secrét. d'Etat sous l'Empire, pair sous la Restauration. Il illustra son nom dans les lettres, par sa traduction en vers des œuvres d'Horace, par ses divers poèmes et ses deux histoires, l'une de Venise, l'autre de Bretagne. M. en 1829.

DAUBENTON, né en 1716. Savant naturaliste, membre de l'Acad. des sc., collaborateur de Buffon. M. en 1800.

DAUMESNIL. Né en 1772. Général de brigade, commandait, en 1814, le château de Vincennes qu'il défendit vaillamment contre les alliés. M. en 1832.

DAVAL. Échevin de 1777 à 1779, av. au parlem.

DAVID. Né en 1748. Peintre qui ramena en France le goût des études sévères dans l'art d'imitation. Auteur d'une esquisse de toute beauté : *le serment du Jeu de paume*. M. en 1825.

DAVOUT. Né en 1770. Maréchal de l'empire, duc d'Auerstœd et prince d'Eckmülh, fut un des meilleurs lieutenants de Napoléon. Ministre de la guerre dans les Cent-Jours, il fut chargé de la défense de Paris après Waterloo. M. en 1823.

DAVY. Né en 1778. Chimiste anglais, inventeur de la lampe de sûreté pour les mineurs. M. en 1829.

DEBELLEYME. Né en 1787. Magistrat français, préfet de police. M. en 1862.

DECRÈS. Né en 1765. Amiral et ministre de la marine de 1802 à 1815. M. en 1820.

DEJEAN. Né en 1749. Général du génie, Ministre de la guerre de 1802 à 1807, et pair sous la Restauration. M. en 1824.

DELABORDE. Né en 1773. Préfet de la Seine et membre de l'Institut. M. en 1843.

DELAMBRE. Né en 1749. Célèbre astronome, secrétaire perpétuel de l'Académie des sciences, mesura la méridienne de France et décida la question de la figure de la terre. M. en 1822.

DELAROCHE. Né en 1797. Célèbre peintre d'histoire, membre de l'Institut. M. en 1856.

DEMOURS. Né en 1762. Célèbre oculiste. M. en 1836.

DE MOUSSI. Échevin de la ville. M. en 1530.

DENAIN. Ville de l'arrondissement de Valenciennes. Grande victoire de Villars sur le prince Eugène en 1712.

DENIS (saint). Apôtre des Gaules et premier évêque de Paris, fut martyrisé sous Aurélien en 272.

DESAIX. Né en 1768. Illustre général, fit partie de l'expédition d'Égypte et conquit la partie supérieure de ce pays, contribua à la victoire de Marengo en 1800, où il fut tué.

DÉSAUGIERS. Né en 1772. Auteur de vaudevilles qui eurent une vogue prodigieuse et de chansons pleines de verve, d'esprit et de gaieté. M. en 1827.

DESBORDES-VALMORE. Née en 1786. Femme de lettres françaises. M. en 1859.

DESCARTES. Né en 1595. Régénéra la philosophie à laquelle il donna des bases certaines, expliqua le premier la véritable loi de la réfraction, et fit faire un pas immense aux mathématiques, par l'application de l'algèbre à la géométrie. M. en 1650.

DESEZE. Né en 1750. Avocat qui défendit Louis XVI devant la Convention, premier président de la Cour de cassation, pair de France et membre de l'Académie française. M. en 1828.

DESGENETTES. Né en 1762. Médecin en chef de l'armée d'Égypte, s'inocula la peste à Jaffa en présence des soldats pour relever leur courage que la crainte de ce fléau avait abattu. M. en 1837.

DIX DÉCEMBRE (1848), Élection du prince Louis-Napoléon-Bonaparte comme président de la République.

DOMAT. Né en 1625. Jurisconsulte célèbre par ses ouvrages sur les lois romaines dont il éclaircit les obscurités. M. en 1695.

DOMBASLE. Né en 1777. Agronome, perfectionna l'agriculture. M. en 1843.

DOMINIQUE (saint). Né en 1170. Fondateur de l'ordre des Dominicains. M. en 1221.

DOMREMY. Village de l'arrondissement de Neufchâteau (Vosges), patrie de Jeanne d'Arc.

DONIZETTI. Né en 1798. Compositeur italien, auteur de 60 opéras, parmi lesquels on distingue surtout *Anna Bolena* et *Lucia*. M. en 1848.

DOUAI. Chef-lieu d'arrondissement du département du Nord.

DOUDEAUVILLE. Né en 1765. Grand philanthrope qui coopéra à une foule de bonnes œuvres. M. en 1841.

DROUOT. Né en 1774. Brave et habile général d'artillerie, suivit Napoléon à l'île d'Elbe. Lacordaire célébra ses éminentes qualités dans une éloquente oraison funèbre. M. en 1847.

DUCOLOMBIER. Avocat, conseiller du roi en 1784.

DUCOUÉDIC. Officier de marine d'une grande bravoure. M. en 1779.

DUFRÉNOY. Né en 1611. Peintre et poète, auteur d'un poëme latin : *de arte graphica*. M. en 1665.

DUGOMMIER. Né en 1736. Général français, commanda l'armée des Pyrénées-Orientales, battit plusieurs fois les Espagnols, et fut tué en 1794.

DUGUAY-TROUIN. Né en 1673. Célèbre amiral, se signa'a dans la guerre de la succession d'Espagne en 1707, s'empara de Rio Janeiro en 1711, et purgea les mers du Levant des corsaires tunisiens en 1731. M. en 1736.

DUGUESCLIN. Né vers 1314. Grand général, chassa les Anglais de la Normandie, du Poitou et de la Gascogne. M. en 1380.

DULONG. Né en 1785. Médecin, chimiste, membre de l'Académie des sciences, fit plusieurs importantes découvertes. M en 1838.

DUMERIL. Né en 1774. Médecin, membre de l'Institut et de l'Académie de médecine. M. en 1860.

DUMONT-DURVILLE. Né en 1791. Célèbre navigateur, fit deux fois le tour du monde, et rédigea ses voyages marqués par de précieuses découvertes en géographie et en histoire naturelle. Périt avec sa femme et son fils dans l'incendie des wagons sur le chemin de fer de Versailles en 1842.

DUNKERQUE. Ville et port de commerce, chef-lieu d'arrondissement (Nord).

DUNOIS. Né en 1407. Fils naturel de Louis I d'Orléans, fut un des meilleurs capitaines du XVe siècle; il partagea les exploits de Jeanne d'Arc, enleva Paris aux Anglais et contribua à les chasser de la Normandie et de la Guyenne. M. en 1468.

DUPERRÉ. Né en 1775. Amiral, contribua à la prise d'Alger, fut nommé pair et maréchal et devint ministre de la marine. M. en 1846.

DUPETIT-THOUARS. Né en 1760. Capitaine de

vaisseau, fit une expédition à la recherche de La Pérouse et commanda le *Tonnant* à Aboukir, où il périt glorieusement en 1798.

DUPHOT. Né en 1770. Général de l'armée d'Italie, fut assassiné à Rome dans une émeute qui eut lieu devant l'hôtel de l'ambassade française en 1797.

DUPIN. Né en 1783. Jurisconsulte et magistrat français, député en 1827, président de la chambre des députés et de la législative, sénateur, membre de l'Académie française et de l'Académie des sciences morales et politiques. Auteur de nombreux ouvrages. M. en 1865.

DUPLEIX. Gouverneur des établissements français de l'Inde qu'il administra avec un génie supérieur. M. en 1763.

DUPUIS. Né en 1742. Membre de la Convention, du Conseil des Cinq-Cents et de l'Institut, célèbre par son *Origine des cultes*. M. en 1809.

DUPUYTREN. Né en 1777. Grand anatomiste, surpassa comme chirurgien tous ses prédécesseurs; légua en mourant, pour la fondation d'une chaire d'anatomie pathologique, une somme dont l'excédant permit de créer un musée anatomique qui porte son nom. M. en 1835.

DUQUESNE. Né en 1610. L'un des premiers marins de la France, vainquit les Anglais, les Espagnols et les Hollandais dans plusieurs batailles, dont la plus célèbre est celle qu'il livra près de Messine à l'amiral Ruyter; détruisit les vaisseaux barbaresques, bombarda Alger et Gênes, força le dey à délivrer les esclaves chrétiens et le doge à venir s'humilier à Versailles. M. en 1668.

DURANTI. Premier président au parlement en 1581, s'opposa à la Ligue et fut tué en 1589.

DURET. Né en 1804. Sculpteur français, auteur du groupe de la fontaine Saint-Michel, membre de l'Institut. M. en 1865.

DUROC. Né en 1772. Général distingué, chéri de Napoléon, qui le nomma grand maréchal du palais et duc de Frioul. Tué à la bataille de Wurtschen en 1813.

DU SOMMERARD. Né en 1779. Célèbre antiquaire, fondateur du musée de Cluny. M. en 1842.

DUVIVIER. Né en 1794. Général français, membre de la Constituante de 1848, mort d'une blessure reçue en combattant, à la tête des gardes mobiles, en juin 1848.

EBLÉ. Né en 1758. Général du génie, couronna sa glorieuse carrière par un service immortel rendu à l'armée poursuivie par les Russes et arrêtée par la Berezina. Il sauva 54,000 hommes au moyen de deux ponts qu'il établit et maintint, malgré les plus grandes difficultés, et succomba à une maladie contractée dans son héroïque dévouement en 1812.

EGINHARD. Secrétaire de Charlemagne, dont il a écrit la vie en latin. M. vers 830.

ELEUTHÈRE (St). Pape de 177 à 192.

ELISABETH (Ste). Épouse de Zacharie, mère de St. Jean Baptiste.

ELZEVIR. Nom d'une famille célèbre d'imprimeurs au XVIIe siècle qui s'est immortalisée par des chefs-d'œuvre de typographie.

ENGHIEN. Né en 1772. Fils du duc de Bourgogne, servit avec distiction dans l'armée des émigrés, fut enlevé en pleine paix et fusillé dans les fossés de Vincennes le 18 mars 1804.

ERARD. Né en 1794. Grand industriel, célèbre facteur des pianos. M. en 1855.

ERFURTH. Ville forte de la Saxe prussienne; un célèbre congrès s'y tint en 1808 où assistèrent les empereurs Napoléon et Alexandre et presque tous les souverains de la confédération germanique.

ESQUIROL. Né en 1772. Médecin philanthrope, se consacra entièrement à l'amélioration du sort des aliénés, membre de l'Institut et de l'Académie de médecine. M. en 1844.

ESSLING. Ville d'Autriche, théâtre d'une grande victoire remportée en 1809 sur les Autrichiens par le maréchal Masséna qui reçut en récompense le titre de prince d'Essling.

ESTRÉES. Né en 1693, maréchal de France, se distingua dans la guerre d'Allemagne et contribua au gain de la bataille de Fontenoy en 1745. M. en 1771.

EUGÈNE DELACROIX. Né en 1798. Célèbre peintre français, chef de l'école dite romantique. M. en 1863.

EULER. Né en 1707. Célèbre géomètre, fit faire un grand progrès aux mathématiques et se distingua comme physicien et philosophe, par ses *lettres à une princesse d'Allemagne*. M. en 1783.

EUPATORIA. Ville et port de Crimée occupée par l'armée anglo-française de 1854 à 1856.

EUPHRASIE (sainte). Religieuse solitaire de la Thébaïde. M. en 410.

EXELMANS. Né en 1775. Général français, se disgua dans les campagnes de Naples et d'Autriche, commanda avec bravoure la garde impériale à Waterloo, et fut élevé à la dignité de maréchal de France en 1851. M. en 1852.

EYLAU. Ville de la Prusse orientale; théâtre d'une bataille des plus meurtrières remportée par Napoléon sur les Russes en 1807.

FABERT. Né en 1599. Maréchal de France d'une grande bravoure. M. en 1662.

FAGON. Né en 1638. Premier médecin de Louis XIV, directeur du Jardin des Plantes et membre de l'Académie des sciences. M. en 1718.

FARADAY. Né en 1794. Célèbre physicien anglais; il a particulièrement étudié l'électricité dans ses rapports avec la lumière et la chaleur. M. en 1867.

FARGEAU (saint). Fut martyrisé à Besançon en 211

FAVART. Né en 1710. Auteur dramatique à qui l'on doit quelques comédies jouées au Théâtre Français et beaucoup d'opéras comiques pleins d'esprit et de grâce. M. en 1772.

FÉLIBIEN. Né en 1666. Bénédictin, auteur de *l'histoire de la ville de Paris*. M. en 1719.

FÉNELON. Né en 1651. Archevêque de Cambrai, membre de l'Académie française, fut un des plus beaux génies de la France. Auteur du *Télémaque*, ouvrage qui a attaché à son nom l'admiration universelle. M. en 1715.

FERDINAND-BERTHOUD. Né en 1727. Inventeur des horloges marines, membre de l'Institut. M. en 1807.

FERRUS. Né en 1784. Célèbre médecin, membre de l'Académie de médecine. M. en 1853.

FEUTRIER. Né en 1785. Évêque de Beauvais, se distingua comme orateur sacré, et fit partie, en 1829, du ministère Martignac. M. en 1830.

FEYDEAU. Famille de magistrats très-connue au XVIIe siècle.

FLANDRIN. Né en 1809. Peintre français, membre de l'Institut. M. en 1864.

FLÉCHIER. Né en 1632. Évêque de Nîmes, membre de l'Académie française, s'acquit une grande réputation par son oraison funèbre de Turenne. M. en 1710.

FLEURUS. Ville de Belgique, théâtre de trois victoires des Français, remportée, la première par le maréchal de Luxembourg sur les Hollandais en 1690, la deuxième par le général Jourdan sur les Autrichiens en 1794, et la troisième p. Napoléon s. les Prussiens, 1815.

FLEURY. Né en 1653. Cardinal et ministre sous Louis XV. M. en 1743.

FLORENCE. Capitale du royaume d'Italie.

FLORENTIN (saint). Abbé d'un monastère en Anjou au Ve siècle.

FLORIAN. Né en 1755. Membre de l'Académie française, auteur de poëmes en prose, de romans, de comédies et de fables. M. en 1794.

FONTAINE. Né en 1762. Un des principaux architectes de notre temps. M. en 1853.

FONTANES. Né en 1754. Poëte et orateur disting., membre de l'Académie française, président du Corps Législatif, sénateur et pair de France. M. en 1821.

FONTARABIE. Ville forte d'Espagne, grande victoire de l'armée républicaine en 1794.

FONTENELLE. Né en 1657. Littérat., poëte, philosophe, historien et géomètre, membre de l'Académie française, de l'Académie des inscriptions et de celle des sciences. M. en 1757.

FONTENOY. Ville du Hainaut, en Belgique, où l'armée française remporta, en 1745, sur les Anglais, une bataille célèbre.

FOREST. Né en 1636. Peintre paysagiste estimé. M. en 1707.

FOREZ. Anc. prov. fr., forme aujourd'hui le dép. de la Loire.

FOURCROY. Né en 1755. Célèbre chimiste, membre de la Convention, du Conseil des Cinq-Cents et de l'Institut, et directeur général de l'instruction publique. M. en 1809.

FOURCY. Prévôt des marchands de 1684 à 1692.

FOURNEYRON. Né en 1802. Ingénieur fr., ancien représentant du peuple, inventeur des turbines qui portent son nom. M. en 1867.

FOY (St). Né en 1775. Général et orateur politique, s'illustra dans les camps par son brillant courage, et dans les assemblées législatives par son éloquence. Ses enfants furent dotés par une souscription nationale. M. en 1825.

FRANÇOIS Ier. Roi de France de 1515 à 1547.

FRANÇOIS MIRON. Prévôt des marchands en 1605.

FRANÇOIS-DE-SALLE. Né en 1567, évêque de Genève et fondateur de l'ordre de la Visitation M. en 1622.

FRANÇOIS-XAVIER. Né en 1506. Jésuite, apôtre aux Indes. M. en 1552.

FRANKLIN. Né en 1706 Célèbre par ses écrits par l'invention du paratonnerre et par son dévouement pour l'indépendance de l'Amérique. Quand il mourut, la Constituante française porta son deuil. M. en 1790.

FREYCINET. Né en 1779. Navigateur, un des créateurs de la Société de géographie, membre de l'Acad. des sc. M. en 1842.

FRIANT. Né en 1758. Général distingué de la République et de l'Empire. Mort en 1829.

FRIEDLAND. Ville de Prusse, où Napoléon remporta, en 1807, sur les Prussiens et les Russes, une grande victoire suivie de la paix de Tilsitt.

FROCHOT. Né en 1760. Premier préfet du dép. de la Seine. M. en 1828.

FROISSART. Né en 1337. Chroniqueur et poète fr. dont les ouvrages sont des monuments les plus précieux du moyen-âge. M. en 1410.

FULTON. Né vers 1767. Ingénieur américain, qui se rendit célèbre par d'utiles inventions mécaniques, et surtout par la création des bateaux à vapeur, dont il fit la première expérience en 1802 à Paris. Mort en 1815.

FURSTENBERG. Né en 1629. Cardinal, abbé de Saint-Germain-des-Prés. M. en 1704.

GABRIEL. Né en 1710. Célèbre architecte, constructeur de l'Ecole militaire. M. en 1782.

LANDE. Famille qui occupait au XIIe siècle les premières charges du royaume.

LILÉE. Né en 1564. Grand physicien, mathématicien et astronome, condamné par l'Inquisition pour avoir enseigné que la terre se mouvait et que le soleil était immobile. M. en 1642.

LVANI. Né en 1737. Médecin et physicien, auteur de la découverte des phénomènes électriques dits, de son nom, *galvanisme*. M. en 1795.

MBEY. Né en 1779. Opticien, membre de l'Acad. des sc., inventeur du cathétomètre. M. en 1847.

ASPARIN. Né en 1783. Agronome distingué, ancien ministre et pair de France, membre de l'Institut. M. en 1862.

AUTHEY. Né en 1795. Pédagogue distingué. M. en 1864.

AY-LUSSAC. Né en 1777. Célèbre physicien et chimiste fr. M. en 1850.

ENEVIÈVE (Ste). Née en 423. Préserva de l'invasion d'Attila les habitants de Paris et devint la patronne cette de ville. M. en 512.

ENIN. Né en 1803. Philologue distingué. M. en 1856.

EOFFROY-SAINT-HILAIRE. Né en 1772. Savant naturaliste qui fit faire de grands progrès à la zoologie. M. en 1844.

GEOFFROY-LASNIER. Famille très connue au XVIe siècle.

GEORGES (St). Prince de Cappadoce, subit le martyre sous Dioclétien.

GÉRANDO. Né en 1772. Philosophe éclectique, auteur d'une *Histoire comparée des systèmes de philosophie*, la meilleure qui ait paru en France. M. en 1842.

GÉRARD. Né en 1773. Général distingué de l'Empire, ministre de la guerre et maréchal de France sous Louis-Philippe, commanda l'armée qui prit la forteresse d'Anvers. M. en 1852.

GERBILLON. Né en 1654. Un des fondateurs de la mission française en Chine et directeur du collège fr. à Pékin. M. en 1707.

GÉRICAULT. Né en 1791. Un des plus grands peintres de l'école fr. moderne, auteur du *Naufrage de la Méduse*. M. en 1824.

SAINT-GERMAIN. Né en 496. Évêque de Paris. M. en 576.

GERMAIN PILLON. Né en 1515. Sculpteur fr. M. en 1590.

GERSON. Né en 1363. Chancelier de l'université de Paris, un des homme les plus savants de son siècle. M. en 1429.

GILLES (St). Athénien qui vint en Gaule au vi⁰ s. M. en 550.

GIRARDON. Né en 1630. Célèbre sculpteur, membre de l'Acad. de peinture, auteur de plusieurs statues et du mausolée du cardinal de Richelieu à l'église de la Sorbonne. M. en 1715.

GIRODET. N. en 1767. Peintre célèbre, élève de

David. Son chef-d'œuvre : *Une scène de déluge* obtint le grand prix décennal. M. en 1824.

GIRONDE. Dép. dont le ch.-l. est Bordeaux.

GLUCK. Né en 1714. Célèbre compositeur allemand, donna à l'Opéra français plusieurs chefs-d'œuvre, dont l'un, *Yphigénie en Tauride*, suscita entre lui et Piccini une dispute musicale, à l'occasion de laquelle leurs partisans respectifs se livrèrent à une polémique violente sur la question de prééminence entre ces deux artistes. M. en 1787.

GOBERT. Né en 1807. Fils du maréchal de ce nom tué en Menjibar, en 1808. Fonda, par testament, deux prix de 10,000 fr. de rente chacun pour être décernés aux auteurs des meilleurs ouvrages sur l'histoire de France. M. en 1833.

GOUVION-ST-CYR. Né en 1764. Général en chef sous la République, obtint en 1809 le commandement d'une armée en Catalogne, fit ensuite partie de l'expédition de Russie, gagna la bataille de Polotsk et devint ministre de la guerre en 1815 et en 1821. M. en 1830.

GOZLIN. Evêque de Paris, qui fut mortellement blessé pendant le siége de cette ville par les Normands, en 885.

GRÉGOIRE-DE-TOURS. Né vers 539. Evêque de Tours, auteur d'une *Histoire des Francs*. M. en 598.

GRÉTRY. Né en 1741. Célèbre compositeur, membre de l'Institut, occupa le premier rang dans son art tant qu'il vécut. M. en 1813.

GREUZE. Né en 1725. Peintre fr., créateur d'un

genre nouveau, remarquable par la finesse du coloris et par la simplicité naïve des sentiments qu'il a su prêter aux personnages de ses tableaux. M. en 1805.

GRIBEAUVAL. Né en 1715. Inspecteur général de l'artillerie, se signala surtout à la célèbre défense de Schweinitz (1762) M. en 1789.

GUDIN. Né en 1738. Littérateur, ami intime de Beaumarchais. M. en 1812.

GUEMENÉE. Prince de Rohan, vieille famille noble.

GUÉNÉGAUD. Ministre secrétaire d'Etat en 1641.

GUILLAUME (St). Général de Charlemagne, fondateur d'un monastère près de Lodève. M. en 812.

GUILLEMINOT. Né en 1774. Lieutenant-général et pair de France, fit toutes les campagnes de l'Empire en qualité de chef d'état-major M. en 1840.

GUILLEMITES. Congrégation religieuse instituée en 1153.

GUY-DE-LA-BROSSE. Botaniste, médecin de Louis XIII, donna au roi le Jardin-des-Plantes, dont il fut le premier intendant. M. en 1641.

GUYOT. Troubadour du XIIe s., composa un poème satyrique la *Bible*.

HALEVY. Né en 1799. Célèbre compositeur fr.; son œuvre capitale est la *Juive*. M. en 1861.

HALLÉ. Né en 1754. Premier médecin de Napoléon, prof. au coll. de France M. en 1822.

HAMBOURG. L'une des quatre villes libres d'Allemagne, appartint à la France de 1810 à 1814. Le maréchal Davoust y soutint un siége mémorable.

HANOVRE. Royaume annexé à la Prusse.

HARLAY. Né en 1536. Premier président du parlement de Paris, se signala par ses lumières, son intégrité et sa résistance aux Ligueurs. M. en 1616.

HARVAY. Né en 1578. Savant médecin anglais, découvrit la circulation du sang. M. en 1658.

HAUSSMANN. Né en 1808. Sénateur, préfet de la Seine de 1853 à 1870, membre de l'Institut.

HAUTEVILLE. Nom porté par M. de La Michodière.

HAUTPOUL. Né en 1789. Général, fit les dernières campagnes de l'Empire et celles de la Restauration; pair de France en 1846, ministre de la guerre en 1849, gouverneur de l'Algérie en 1850, et grand référendaire du Sénat en 1852. M. en 1865.

HAVRE. Ch.-l. d'arr. du dép. de la Seine-Inf.

HAXO. Né en 1774. Lieutenant général du génie et pair de France. Mort en 1838.

HELDER. Ville de Hollande, en souvenir de la victoire des Français sur les Anglais en 1799.

HENRI CHEVREAU. Né en 1823. Préfet de la Seine depuis le 5 janvier 1870.

HENRI IV. Roi de France de 1594 à 1610. Mort assassiné.

HENRION-DE-PANSEY. Né en 1742. Savant magistrat, conseiller d'Etat sous l'Empire, ministre de la justice en 1814, et président de la cour de cassation en 1828. M. en 1829.

HÉROLD. Né en 1792. Habile compositeur, élève de Mehul. Auteur de *Zampa*, du *Pré-aux-Clercs*, etc. M. en 1833.

HILAIRE (St). Docteur de l'église, évêque de Poitiers, vers 350. M. en 367.

HIPPOLYTE LEBAS. Né en 1782. Architecte, membre de l'Institut, professeur à l'École des Beaux Arts. M. en 1867.

HIPPOLYTE (St). Evêque et docteur de l'église, subit le martyr vers 235 ou 251.

HOCHE. Né en 1768. Général en chef de l'armée de la Moselle en 1793, soumit et pacifia la Vendée en 1795. Mourut empoisonné en 1797 âgé de 29 ans.

HONORÉ. (St). Evêque d'Arles au ive s.

HOUDARD. Né en 1672. Littérateur qui eut l'idée bizarre de corriger l'Iliade d'Homère. Il fut membre de l'Acad. fr. M. en 1731.

HUMBOLDT. Né en 1769. Célèbre naturaliste, auteur du *Cosmos*, où il a exposé ses découvertes en histoire naturelle. M. en 1858.

HYACINTHE (St). Martyrisé à Rome en 257.

IENA. Ville du grand-duché de Saxe-Weimar, célèbre par la grande victoire que Napoléon remporta sur les Prussiens en 1806.

IMPÉRATRICE. Née Eugénie de Montijo en 1826 ; épousa Napoléon III en 1853.

INGRES. Né en 1781. Peintre fr., élève de David,

sénateur et membre de l'Institut. Chef de l'école idéaliste, il a obtenu de grands succès par ses tableaux et ses portraits. M. en 1867.

IRÉNÉE (St). Evêque de Lyon, subit le martyre en 202.

ISABEY, né en 1764. Peintre miniaturiste. M. en 1855.

ISLY. Rivière de Maroc, célèbre par la victoire du maréchal Bugeaud, en 1844.

ITALIE. Contrée de l'Europe mérid., resta annexée à la France de 1806 à 1814.

IVRY. Ville de l'arr. de Sceaux (Seine); dans les environs Henri IV battit les ligueurs, en 1590.

JABACH. Célèbre amateur de tableaux, au XVIIe s.

JACQUART. Né en 1752. Célèbre mécanicien, inventeur du métier à tisser qui porte son nom. M. en 1834.

JACQUES (St-). L'un des douze apôtres. M. en 44.

JACQUES DE BROSSE. Architecte au XVIe siècle, constructeur du Luxembourg, de l'aqueduc d'Arcueil, etc. M. vers 1630.

JACQUES CŒUR. Né en 1400. Trés. de Charles VII, le plus riche commerçant de son époque. M. en 1461.

JAPON. Empire de l'Asie orient.

JAPY. Maire du VIe arr. de la Ville de Paris, en 1851, membre d'une grande famille d'industriels fr.

JARENTE, Abbé et prieur du couvent Ste-Catherine, en 1784.

JEAN (St-). Nom d'un grand nombre de saints

JEAN BART. Né en 1630, intrépide marin, fut la terreur des Anglais et des Hollandais, prit à ces derniers 700 vaisseaux. M. en 1702.

JEAN DE BEAUVAIS. Libraire célèbre au xive s.

JEAN DE BOLOGNE. Né en 1524, sculpteur. On lui doit le cheval de bronze qui supporte la statue de Henri IV sur le Pont-Neuf. M. en 1608.

JEAN GOUJON. Né en 1520. Architecte et statuaire, restaurateur de la sculpture en France. M. en 1572.

JEAN JACQUES ROUSSEAU. Né en 1712. L'écrivain le plus éloquent du xviiie siècle. Il défendit les grandes vérités, et la Révolution trouva dans son génie un puissant levier. M. en 1778.

JEAN TISON. Nom d'une famille qui fut déjà célèbre au xiie siècle.

JEANNE D'ARC. Née en 1410. Paysanne de Domremy, qui replaça Charles VII sur son trône et le fit sacrer à Reims. Tombée par trahison entre les mains des Bourguignons, elle fut vendue aux Anglais qui la brûlèrent vive à Rouen, en 1431.

JEMMAPES. Ville de Belgique, célèbre par la victoire de Dumouriez sur les Autrichiens, en 1792.

JENNER. Né en 1749. Médecin anglais, auteur de la découverte de la vaccine. M en 1823.

JÉRUSALEM. Anc. capit. de la Judée, auj. prov. turque; prise par les Croisés, en 1099. Ils y fondèrent un royaume dont le premier roi fut Godefroy de Bouillon.

JOINVILLE. Né en 1818. Duc d'Orléans et fils du roi Louis-Philippe.

JOSEPH (St-). Epoux de la mère de J.-C., charpentier de son état.

JOSÉPHINE. Née en 1763. Eut pour mari le comte de Beauharnais, après la mort duquel elle épousa, en 1796, le général Bonaparte, et fut séparée de lui par un divorce, en 1809. M. en 1814.

JOUBERT. Né en 1769. Général fr., se distingua en Italie, eut le commandement en chef en 1798, et fut tué à la bataille de Novi, en 1799.

JOUFFROY. Né en 1751 Fut un des premiers qui appliqua la vapeur à la navigation. M. en 1832.

JOURDAN. Né en 1762. Général en chef sous la République, gagna la bataille de Wattignies et de Fleurus, devint maréchal de l'Empire, malgré son opposition au 18 brumaire. M. en 1833.

JOUVENET. Né en 1647. Peintre d'histoire; ses plus belles compositions sont : *Esther devant Assuérus* et la *Pêche miraculeuse.*

JOUY. Nom d'un abbé du XIIIe s.

JUIGNÉ. Né en 1728. Archevêque de Paris. se signala par sa charité. M. en 1811.

JUILLET, 29. Une des journées de la Révolution de 1830, victoire des Parisiens sur les troupes de Charles X.

JULES (St-). Soldat Romain, subit le martyre en 302.

JULES CÉSAR. Général, orateur et écrivain de

premier ordre, habile politique, remporta 56 victoires et fut assassiné en plein Sénat, en l'an 44 av. J.-C., à l'âge de 56 ans.

JULIEN LACROIX. Né en 1809. Littérateur fr., auteur d'un grand nombre de romans.

JULIENNE. Artiste contemporain de Louis XV, qui avait inventé pour teindre en écarlate un procédé dont le secret est mort avec lui.

JUSSIEU. Nom d'une famille célèbre dans les sciences naturelles. Bernard de Jussieu a apporté à Paris le cèdre du Liban, qui fut planté au jardin des Plantes, en 1730.

KABYLIE. Pays montagneux de l'Algérie, habité par les Kabyles. Brillante expédition sous le commandement du gén. St-Arnaud, en 1851.

KELLERMANN, né en 1735. Maréchal de l'Empire et duc de Valmy, en mémoire de la part glorieuse qu'il avait eue à la victoire de ce nom. M. en 1820.

KEPPLER. Né en 1571. Grand astronome, découvrit les trois lois qui portent son nom, bases certaines de toute l'astronomie. M. en 1631.

KLEBER. Né en 1754. Célèbre général, eut le commandement en chef de l'armée d'Egypte, gagna la bataille d'Héliopolis et fut assassiné au Caire, en 1800.

LABAT. Né en 1802. Compositeur fr., auteur de plusieurs messes.

LABOURDONNAIE. Né en 1699. Gouverneur général des îles de France et de Bourbon, très habile administrateur; auteur des *Mémoires*. M. en 1755.

LABRUYÈRE. Né en 1644. Un des meilleurs écrivains de son siècle, auteur du livre des *Caractères*, membre de l'Acad. fr. M. en 1696.

LACÉPÈDE. Né en 1756. Célèbre naturaliste, membre de l'Institut, composa, outre ses livres d'histoire naturelle, des écrits sur la musique, des romans et une *Histoire de l'Europe*. Il fut sénateur et pair. M. en 1825.

LA CONDAMINE. Né en 1701. Membre de l'Acad. des sc. et de l'Acad. fr., fut un des savants envoyés au Pérou, en 1735, pour déterminer la figure de la terre. Il se rendit célèbre comme voyageur et comme propagateur de l'inoculation. M. en 1774.

LACRETELLE. Né en 1751. Jurisconsulte, publiciste et littérateur, membre de la Législative et de l'Acad. fr. M. en 1824.

LACUÉE. Nom d'un colonel tué au combat de Guntzburg dans la campagne d'Austerlitz, en 1805.

LAFAYETTE. Né en 1757, combattit glorieusement pour l'indépendance de l'Amérique, et devint en France le héros populaire de deux révolutions, celles de 1789 et de 1830. M. en 1834.

LAFERRIÈRE. Général de l'empire, mort du choléra en 1832.

LAFEUILLADE. Pair et maréchal de France sous Louis XIV.

LAFFITTE. Né en 1767. Célèbre banquier, ruiné par la révolution de juillet, ministre des finances sous Louis-Philippe. M. en 1844.

LA FONTAINE. Né en 1621. Membre de l'Académie

française, poète original, naïf et sublime, le premier des fabulistes et des conteurs. M. en 1695.

LAGHOUAT Ville d'Algérie, prise le 4 décembre 1852 par le général Pélissier.

LAGNY. Chef-lieu de c. arrondissement de Meaux (Seine-et Marne).

LAHIRE. Général de Charles VII, combattit contre les Anglais avec Jeanne d'Arc, tenta de délivrer cette héroïne qu'ils allaient brûler, tomba entre leurs mains, s'en échappa et mourut de ses blessures en 1442.

LALANDE. Né en 1732. Astronome français grand propagateur de la science. M. en 1807.

LALLIER. Prévôt des marchands.

LAMANDÉ. Ingénieur en chef des ponts-et-chaussées, constructeur du pont d'Austerlitz en 1802.

LAMARTINE. Né en 1790. Illustre poète et homme politique, membre du gouvernement provisoire en 1848, membre de l'Académie française, député de l'Assemblée nationale et de la Législative, il s'y fit une réputation d'orateur presque égale à sa réputation de poète. M. en 1869.

LAMOTTE-PIQUET. Né en 1720. Amiral français, se signala dans vingt-huit campagnes, de 1737 à 1783 et fit éprouver dans celle d'Amérique, de cruelles pertes aux Anglais. M. en 1791.

LANNES. Né en 1769. Duc de Montebello et maréchal de l'empire, fit l'expédition d'Egypte, seconda Napoléon au 18 brumaire, fit la deuxième campagne d'Italie en 1800, et se couvrit de gloire à Montebello. Périt à Esling en 1809.

LA PÉROUSE. Né en 1741. Navigateur français, parti en 1785 pour un voyage de découvertes, cessa de donner de ses nouvelles en 1788 et l'on ne sut ce qu'il était devenu que quarante ans après, où l'on trouva les débris de ses vaisseaux échoués sur les récifs de Vanikoro, île de l'Océanie, dont les naturels l'avaient massacré avec tout son équipage. M. en 1788.

LAPLACE. Né en 1749. Géomètre et astronome d'un grand génie, eut la gloire de compléter l'œuvre de Newton. Membre de l'Académie des sciences et de l'Académie française. M. en 1827.

LA QUINTINIE. Né en 1626. Agronome, dessinateur des jardins de Versailles. M. en 1688.

LA REYNIE. Né en 1625. Premier lieutenant-général de police à Paris. M. en 1709.

LARGILLIÈRE. Né en 1656. Peintre qui excellait dans le portrait. Membre de l'Académie de peinture. M. en 1746.

LAROCHE. Né en 1740. Littérateur, à qui on doit une belle édition des œuvres d'Helvétius qui lui légua ses papiers. M. en 1806.

LAROCHEFOUCAULT. Abbesse de Montmartre de 1737 à 1760.

LAROMIGUIÈRE. Né en 1756. Philosophe et écrivain d'un grand mérite; membre de l'Académie des sciences mor. et polit. M. en 1837.

LARREY. Né en 1766. Célèbre chirurgien en chef

des armées françaises, eut un legs de 100,000 francs de Napoléon. M. en 1848.

LAS-CASES. Né en 1766, partagea et consola la captivité de Napoléon à Sainte-Hélène, de retour en Europe, il publia le *Mémorial*, résultat de ses conversations auec l'empereur. M. en 1842.

LASSUS. Né en 1741. Professeur à l'Ecole de Médecine de Paris, auteur de plusieurs ouvrages. M. en 1807.

LATOUR-MAUBOURG. Né en 1756. Général de division sous l'empire, pair, ministre de la guerre et gouverneur des Invalides sous la Restauration. M. en 1851.

LATOUR-D'AUVERGNE. Abbesse de Montmartre de 1727 à 1735.

LAUGIER. Né en 1770. Directeur de l'école de pharmacie, professeur de chimie au Muséum d'histoire naturelle. M. en 1832.

LAURENT (saint). Martyr, brûlé vif en 258.

LAURISTON. Né en 1768. Général et ambassadeur sous l'Empire, pair et maréchal sous la Restauration. M. en 1828.

LAUZUN. Né en 1632, célèbre par la passion qu'il inspira à la duchesse de Montpensier qu'il épousa secrètement. M. en 1723.

LAVAL DE MONTMORENCY. Abbesse de Montmartre de 1760 à 1790.

LAVOISIER. Né en 1743. Savant dont les découvertes en chimie opérèrent une révolution dans la science; fut condamné à mort sous la Terreur et demanda vainement un sursis de

15 jours, pour terminer un ouvrage qui intéressait l'humanité. M. en 1794.

LAZARE (St). Frère de Marie et de Marthe, nom d'un ordre religieux et militaire établi au XII° s.

LE BRUN. Né en 1739. Duc de Plaisance, membre de la Constituante, du conseil des Cinq-Cents, troisième consul de la République, duc et archi-trésorier de l'Empire, grand maître de l'Université. Il déploya dans tous ces emplois de grands talents administratifs. Traducteur de l'*Iliade*, de l'*Odyssée* et de la *Jérusalem délivrée*. M. en 1824.

LÉCLUSE. Né en 1526. Savant botaniste, professeur à l'Acad. de Leyde. M. en 1609.

LECOURBE. Né en 1759. Général, très habile tacticien, commanda un corps d'armée dans le Haut-Rhin et livra plusieurs combats à l'archiduc Ferdinand. M. en 1815.

LEFÈVRE. Né en 1753. Maréchal de l'Empire, créé duc de Dantzick en récompense de la prise de cette ville en 1807, pair de France sous la Restauration. M. en 1820.

LEGENDRE. Né en 1751. Géomètre, de l'Acad. des Sc., fit avec Cassini et Méchain des observations pour lier le méridien de Paris et Greenwich. M. en 1834.

LEGRAVEREND. Né en 1776. Savant Jurisconsulte. M. en 1827.

LEKAIN. Né en 1728. Le plus grand tragédien fr. du XVIII° s., auteur de mémoires très précieux pour l'art théâtral. M. en 1778.

LEMERCIER. Né en 1774. Célèbre littérateur et

auteur dramatique, membre de l'Acad. fr. M. en 1840.

LÉONARD-DE-VINCI. Né en 1452, peintre, sculpteur ingénieur écrivain et poète, l'un des plus vastes génies qui honorent l'Italie. M. en 1519.

LE PELLETIER. Prévôt des Marchands en 1786.

LESAGE. Né en 1668. Auteur dramatique et romancier. Son chef-d'œuvre est *Gil-Blas*. M. en 1747.

LESDIGUIÈRES. Né en 1543. Général calviniste, maréchal sous Henri IV, en 1608, et connétable sous Louis XIII, en 1622, après sa conversion au catholicisme. M. en 1626.

LESUEUR. Né en 1617. Grand peintre, surnommé le *Raphaël français*, auteur de 22 tableaux qui représentent l'histoire de St-Bruno. M. en 1655.

LETELLIER. Né en 1603. Homme d'État, chancelier et ministre de la guerre sous Louis XIV. Bossuet et Fléchier ont prononcé son oraison funèbre. M. en 1685.

LÉVIS. Nom d'une famille noble qui figure dans l'histoire dès le xi° s.

LHOMOND. Né en 1727. Professeur à l'Université de Paris, auteur de grammaires et autres ouvrages classiques. M. en 1794.

LIBAN. Montagne de la Syrie.

LILLE. Chef-lieu du département du Nord, en mémoire de la défense opposée par cette ville aux Autrichiens en 1792.

LINNÉ. Né en 1707. Célèbre naturaliste suédois,

professeur à Upsal, donna à la botanique une classification méthodique qu'il fonda sur les organes sexuels des plantes. M. en 1778.

LINOIS. Né en 1761. Contre-amiral, battit les Anglais dans la baie d'Algésiras en 1801 M. en 1848.

LISBONNE. Capit. du Portugal, prise par les Français le 10 nov. 1807.

LOBEAU. Né en 1770. Général de l'Empire, membre du gouvernement provisoire de 1830 et commandant en chef des gardes nationales de la Seine, et maréchal de France sous Louis-Philippe. M. en 1838.

LOBINEAU. Né en 1667. Bénédictin, auteur de plusieurs ouvrages historiques, entre autres de la suite de l'*Histoire de Paris* par Félibien. M. en 1727.

LOIRE. Dép. dont le ch.-l. est à St-Etienne.

LONDRES. Cap. de l'Angleterre et tout l'empire britannique.

LORD BYRON. Né en 1788. Le plus grand poëte de l'Angleterre après Sheakspeare et Milton; alla combattre pour l'indépendance de la Grèce et mourut à Missolonghi en 1824.

LORRAINE. Famille célèbre dans l'histoire par plusieurs de ses membres.

LOUIS-LE-GRAND. Roi de France de 1643 à 1715, le plus long et le plus beau règne monarchique de notre histoire.

LOUIS-PHILIPPE. Roi des Français, de 1830 à 1848.

LOURMEL. En mémoire du général qui fut tué à

la bataille d'Inkermann, le 5 novembre 1854.

LOWENDALL. Né en 1700, maréchal de France, se distingua à Fontenoy. M. en 1755.

LUBECK. Une des quatre villes libres d'Allemagne, en mémoire de la bataille gagnée par les Français sur les Prussiens, en 1806.

LUC (St-). Évangéliste, disciple de St-Paul, auteur des Actes des apôtres.

LUCIE. (Ste-). Martyrisée en l'an 304 à Syracuse.

LULLI. Né en 1633, célèbre compositeur Florentin, directeur de l'Opéra sous Louis XIV, mit en musique les tragédies lyriques de Quinault. M. en 1687.

LUNÉVILLE. Ch.-l. d'arr. du dép. de la Meurthe. La république française et l'Autriche y signèrent, en 1801, le célèbre Traité de paix qui donna à la France le Rhin pour limite.

LUXEMROURG. Famille princière très-connue.

LYON. Chef-l. du dép. du Rhône, la seconde ville de France.

MABILLON. Né en 1632, savant bénédictin ; son ouvrage principal est intitulé : *la Diplomatique*. M. en 1707.

MACDONALD. Né en 1765, maréchal de France, duc de Tarente, s'illustra sous la république et sous l'empire par la conquête de la Calabre et par la victoire de Wagram. M. en 1841.

MACON. Nom d'une famille comtale.

MADAME. Marie-Louise de Savoie, épouse de Louis XVIII.

MADELEINE (Ste-). Une grande pécheresse qui se

convertit à la vue des miracles de J.-C., d'après le N. T.

MADEMOISELLE. Louise-Eugénie, princesse Adélaïde d'Orléans.

MADRID. Capit. de l'Espagne. Les Français y entrèrent en 1808.

MAGDEBOURG. Ville forte de Prusse, en mémoire de la prise de cette ville par le maréchal Ney, en 1806.

MAGELLAN. Célèbre navigateur Portugais, découvrit, en 1520, le détroit qui porte son nom et fut tué aux Philippines en 1522.

MAGENDIE. Né en 1783, célèbre physiologiste, membre de l'Acad. de méd. et de l'Institut. M. en 1855.

MAGENTA. Ville de Lombardie; en mémoire de la grande victoire remportée par les Français sur les Autrichiens, le 5 juin 1860.

MAGNAN. Né en 1791, maréchal de France, sénateur; prit une part très-active au 2 décembre. M. en 1865.

MAISTRE. Né en 1764, auteur du *Voyage autour de ma chambre* et d'autres ouvrages ingénieux. M. en 1853.

MAITRE ALBERT. Professeur célèbre au XIII° s., donna ses leçons en plein air à cause de l'affluence sur la place Maubert.

MALAKOFF. Fort de Sébastopol qui fut prit le 18 juin 1855 par l'armée fr., commandée par le général Pélissier.

MALEBRANCHE. Né en 1637, oratorien, philosophe

et grand écrivain, auteur de la *Recherche de la Vérité*. M. en 1715.

MALESHERBES. Né en 1721, homme d'Etat, membre de l'Ac. fr. et de l'Acad. des sc., ministre de l'intérieur et éloquent défenseur de Louis XVI. M. sur l'échafaud en 1794.

MALHER. Nom d'un lieutenant tué à la place Royale dans les journées de juin 1848.

MALLEVILLE. Né en 1741, jurisconsulte, coopéra à la rédaction du Code civil. Il fut sénateur et pair. M. en 1824.

MALMAISONS. Château dans la commune de Rueil (Seine-et-Oise) habité par l'impératrice Joséphine, qui y mourut en 1814.

MALTE. En l'honneur de Louis-Antoine d'Artois, duc d'Angouleme, grand prieur de France et commandeur de *Malte*.

MANDAR. Architecte et ingénieur habile qui a vécu au XVIII° s.

MARC (St-). Un des quatre évangélistes, mis à mort l'an 68.

MARCEAU. Né en 1769, général en chef de l'armée de l'Ouest, à 23 ans, gagna la bataille du Mans sur les Vendéens, eut une grande part à la victoire de Fleurus et fut tué près d'Alten-Kirchen, en 1796.

MARCEL (St-). Evêque de Paris célèbre par sa piété. M. en 440.

MARENGO. Village de Piémont, célèbre par la victoire du général Bonaparte sur les Autrichiens, en 1800.

MARIE-ANTOINETTE. Née en 1755, épouse de Louis XVI. M. sur l'échafaud en 1793.

MARIE STUART. Née en 1542, épouse de François II. Fut décapitée en Angleterre en 1587.

MARIGNAN. Bourg du Milanais, où François I*er* remporta, en 1515, sur les Suisses auxiliaires du duc de Milan, une bataille célèbre dite la *bataille des géants*.

MARIGNY. Frère de Mme de Pompadour et directeur général des bâtiments et des jardins de Louis XV.

MARIOTTI. Né en 1620, physicien, membre de l'Institut, perfectionna l'hydrostatique et découvrit la loi qui porte son nom. M. en 1684.

MARIVAUX. Né en 1688, romancier et auteur comique qui a donné à ses ouvrages un caractère particulier; son style maniéré et ses pensées subtiles ont produit chez ses imitateurs ce qu'on nomme *marivaudage*. Membre de l'Acad. fr. M. en 1763.

MARMONTEL. Né en 1728, littérateur distingué, écrivain élégant et correct en prose et en vers; secrétaire perpét. de l'Acad. fr. M. en 1799.

MARNE. Dép. dont le ch.-l. est Châlons-sur-Marne.

MAROC. L'empire le plus occidental des États barbaresques. Célèbre expédition en 1844.

MARSEILLE. Ch.-l. du dép. des Bouches-du-Rhône.

MARTEL. Avocat du Parlement, échevin de la Ville de 1764 à 1766.

MARTIGNAC. Né en 1773, homme d'État, ministre de l'intérieur en 1827. M. en 1832.

SAINT-MARTIN. Né en 316, évêque de Tours. M. vers 400.

MASSÉNA. Né en 1758. maréchal de l'Empire, duc de Rivoli et prince d'Essling. Célèbre par ses grandes victoires de Rivoli, d'Essling, de

Zurich et par sa défense de Gênes. Ce grand guerrier brilla sans égal parmi les lieutenants de Napoléon. M. en 1817.

MASSILLON. Né en 1663, oratorien, évêque de Clermont, membre de l'Acad. fr., un des premiers orateurs de la chaire évangélique. M. en 1742.

MATIGNON. Né en 1525, Maréchal de France, non moins distingué par son humanité que par son courage, sauva les protestants d'Alençon et de Saint-Lô à l'époque de la Saint-Barthélemy, en refusant d'exécuter les ordres barbares qu'il avait reçus. M. en 1597.

MAUBERT. Abbé de Sainte-Geneviève au XIIe s.

MAUBEUGE. Ville forte, ch.-l. de c., arr. d'Avesnes (Nord), assiégée par le prince de Cobourg et délivrée par Jourdan.

SAINT-MAUR. Disciple de Saint-Benoît, a vécu au VIe siècle.

MAZAGRAN. Village d'Algérie (Oran), dans lequel 123 soldats français résistèrent héroïquement, en 1840, à 12,000 Arabes.

MAYRAN. Né en 1801. Général fr. d'un grand mérite. M. en 1855.

MAZARIN. Né en 1602. Premier ministre de Louis XIII et de la régente Anne d'Autriche, dont il devint, dit-on, l'époux secret. Fonda la première bibliothèque publique. M. en 1661.

MAZAS. Nom d'un colonel du 14e régiment, tué à Austerlitz.

MÉCHAIN. Né en 1744, célèbre astronome, mem. de l'Institut. M. en 1804.

SAINT-MÉDARD. Né en 457, év. de Noyon. M. 545.

MÉDÉAH. Ville forte d'Algérie, prise en 1840 par le maréchal Vallée.

MÉDICIS (Marie de). Née en 1573, épousa Henri IV en 1600 et fut régente pendant la minorité de

Louis XIII, de 1610 à 1614. M. en 1642 à Cologne, dans un état voisin de l'indigence.

MÉHUL. Né en 1763, célèbre compositeur, membre de l Institut. M. en 1817.

MERCIER. Echevin de Paris en 1762.

MERCŒUR. Né en 1548, habile général, chef des Ligueurs en Bretagne. M. en 1602.

MERLIN. Né en 1754, jurisconsulte célèbre, membre de la Constituante et de la Convention, ministre du Directoire, procureur général à la Cour de cassation. M. en 1838.

MESSIER. Né en 1730, astronome, célèbre par son habileté à découvrir et à observer les comètes. membre de l'Acad. des sc. M. en 1817.

MESSINE. Ville et port d'Italie, en mémoire de la grande bataille navale qui eut lieu devant Messine le 2 juin 1676.

METZ. Ch.-l. du dép. de la Moselle.

MEXICO. Capitale du Mexique, prise par l'armée française en 1863.

MEYERBEER. Né en 1794. Le plus illustre, avec Rossini, des compositeurs dramatiques contemporains. Auteur de *Robert-le-Diable*, des *Huguenots*, de l'*Africaine*, etc. M. en 1864.

MICHEL-ANGE. Né en 1474. Architecte, sculpteur, peintre et poète de premier ordre, auteur d'un grand nombre de chefs-d'œuvre, parmi lesquels on admire la coupole de Saint Pierre et le *Jugement dernier*. M. en 1563.

MICHODIÈRE. Prévôt des marchands de 1772 à 1778.

MIGNARD. Né en 1608. Peintre fr., décora les salons des Tuileries. M. en 1668.

MIGNON. Fondateur d'un collége dans cette rue au XIVe s.

MILAN. Capit. de la Lombardie.

MILTON. Né en 1608. Auteur du *Paradis perdu*,

épopée sans modèle, qui l'a classé parmi les plus beaux génies poétiques de tous les siècles.. M. en 1674.

MIOLLIS. Né en 1759. Général fr. qui se distingua en Italie. Gouverneur de Mantoue en 1806, il fit élever un monument à Virgile. M. en 1828.

MIRABEAU. Né en 1749. L'orateur le plus éloquent et le politique le plus habile de l'assemblée nationale, exerça sur tous les esprits la plus grande puissance d'entraînement. Il mourut jeune et ses restes furent déposés au Panthéon. M. en 1791.

MIROMÉNIL. Né en 1723. Garde des sceaux sous Louis XVI. M. en 1796.

MOGADOR. Ville de Maroc, bombardée et prise par les Français en 1844.

MOLAY. Dernier grand maître des Templiers, brûlé vif à Paris, le 18 mars 1314 dans l'année qui suivit la suppression de cet ordre.

MOLIÈRE. Né eu 1622. Le plus grand des poètes comiques de toutes les nations, au jugement de Voltaire. M. en 1673.

MOLITOR. Né en 1770. Général distingué de la République et de l'Empire, pair et maréchal de France sous Louis XVIII. M. en 1849.

MONCEY. Né en 1754. Général en chef en 1795, remporta 4 victoires sur les Espagnols, se distingua dans la deuxième campagne d'Italie, obtint en 1804 le bâton de maréchal avec le titre de duc de Conégliano. Commandant le 4e corps d'armée dans la guerre de la Péninsule en 1823, et devint gouverneur des Invalides où il reçut les cendres de Napoléon. M. en 1842.

MONDÉTOUR. Echevin de la ville de Paris en 1525.

MONDOVI. Ville de Piémont. Célèbre par la victoire de Bonaparte sur les Austro-Sardes en 1796. Mordovi fut la première victoire du général Bonaparte.

MONGE. Né en 1746. Savant géomètre et physicien, membre de l'Ac. des Sc., fut un des fondateurs de l'Ecole polytechnique, suivit Bonaparte en Egypte, devint sénateur et comte de Péluse sous l'Empire, dont la chute lui fit perdre toutes ses places. M. en 1818.

MONSIEUR Comte de Provence. Né en 1755. Régna sous le nom de Louis XVIII. M. en 1824.

MONSIGNY. Né en 1729. Compositeur fr., un des créateurs de l'opéra comique à Ariettes, et membre de l'Institut. M. en 1817.

MONTAIGNE. Né en 1533. Grand écrivain du XVI° s. Auteur des *Essais*, ouvrage d'un prodigieux mérite. M. en 1592.

MONTALIVET. Né en 1766. Ministre de l'intérieur sous l'Empire, de 1809 à 1814, et pair de France sous la Restauration. M. en 1823.

MONTBRUN. Né en 1530. L'un des plus vaillants chefs protestants. Se distingua surtout à Jarnac et à Moncontour. Fut décapité en 1575.

MONTCALM. Né en 1712. Général qui eut le commandement en chef des troupes françaises dans l'Amérique septentrionale. Blessé mortellement sous les murs de Québec en 1759.

MONT CENIS. Montagne dans la chaîne des Alpes.

MONTEBELLO. Village d'Italie célèbre par deux victoires des Français sur les Autrichiens en 1800 et en 1859.

MONTENEGRO. Petit état de la Turquie ; est gouverné par un prince.

MONTESPAN. Née en 1641, favorite de Louis XIV. M. en 1707.

MONTESQUIEU. Né en 1689. Philosophe, historien,

publiciste et écrivain de premier ordre, éclaira l'Europe par ses ouvrages, surtout par l'*Esprit des lois*. Memb. de l'Ac. fr. M. 1755.

MONTFAUCON. Né en 1655. Savant bénédictin, membre de l'Institut, auteur de l'*Antiquité expliquée* et des *Monuments de la Monarchie française*. M. en 1741.

MONTGOLFIER. Né en 1740. Inventeur du bélier hydraulique et des aérostats. Membre de l'Institut. M. en 1810.

MONTHOLON. Nom d'un conseiller d'État en 1780.

MONTMORENCY, dit *le Grand-Connétable*. Se distingua à Bouvines, contribua aux succès de Louis VIII contre les Anglais, et fut le fidèle ami de la reine Blanche pendant la minorité de Louis IX. M. en 1230.

MONTPENSIER. Né en 1775. Second fils du duc d'Orléans. Servit sous Dumouriez et se distingua à Valmy et à Jemmapes. On a de lui des *Mémoires*. M. en 1807.

MONT-THABOR. Glorieuse bataille gagnée en Syrie par les Français sur les Turcs et les Mamelucks en 1799.

MONTHYON. Né en 1733. Célèbre philantrope. Fonda, en 1782, des prix de vertu et de littérature, qui furent abolis par la Convention, les renouvela et les augmenta en 1816, et légua en mourant des capitaux considérables à l'Acad. fr. et à celle des Sc. pour en distribuer les revenus aux auteurs des travaux les plus utiles. M. en 1820.

MORAND. Né en 1770. Fut nommé général de division à Austerlitz, se distingua en 1812, et pendant les Cents-Jours il eut plusieurs commandements importants. M. en 1835.

MORLAND. Nom d'un colonel des chasseurs de la garde tué à Austerlitz.

MORNAY. Né en 1549. Administrateur des finances de Henri IV. Son zèle et ses écrits pour la défense du calvinisme le firent surnommer le *Pape des Huguenots*. M. en 1623.

MORNY. Né en 1811. Homme d'État et diplomate, ministre de l'Intérieur après le 2 décembre, ambassadeur et président du Corps législatif. M. en 1865.

MORTIER. Né en 1768. Maréchal de l'Empire et duc de Trévise, reçut en 1804 ces hautes dignités qu'il avait méritées par ses beaux faits d'armes sous la République et qu'il honora par sa glorieuse conduite dans toutes les guerres de la France jusqu'à la chute de Napoléon. Devint ministre de la guerre, en 1834, et fut tué par l'explosion de la machine de Fieschi en 1835.

MOSCOU. Anc. capit. de la Russie, occupée par Napoléon en 1812 et incendiée d'après l'ordre de Rostopchine.

MOUTON-DUVERNET. Général de division, membre de la Chambre des députés en 1815 et gouverneur de Lyon. M. en 1846.

MOZART. Né en 1756. Compositeur allemand d'un grand génie. On admire parmi ses ouvrages, qui sont tous des chefs-d'œuvre, l'opéra de *Don Juan*, celui de la *Flûte enchantée* et la messe de *Requiem*. M. en 1791.

MULHOUSE. Ch.-lieu d'arr. (H.-Rhin). Turenne y défit les Impériaux en 1674.

MURAT. Né en 1771. Maréchal, prince et grand amiral de l'Empire. Seconda Napoléon au 13 Vendémiaire et au 18 Brumaire, obtint la souveraineté du grand duché de Berg en 1806, et monta sur le trône de Naples en 1808. Prit part à la campagne de Russie et conserva sa couronne en 1814 pour prix de son alliance avec les ennemis. Après la perte de la bataille de Folentino, il se sauva en France, puis en Corse, et fut fusillé à Pizzo en 1815.

MURILLO. Né en 1616. Un des plus célèbres peintres espagnols. M. en 1685.

MUSSET. Né en 1810. Poète fr., membre de l'Académie; esprit charmant et original. M. en 1857.

NANCY. Ch.-lieu du départem. de la Meurthe.

NANSOUTY. Né en 1768. Général fr., fit la campagne d'Allemagne avec Moreau, prit part à la conquête de Hanovre et aux batailles d'Austerlitz, de Wagram et de Friedland. Il eut la réputation d'être un des meilleurs généraux de cavalerie de son époque. Mort en 1815.

NANTES. Ch.-l. du départem. de la Loire-Infér.

NAPLES. Anc. capit. du roy. des Deux-Siciles, prise par les Français en 1799.

NAPOLÉON. Né en 1769. Empereur des Français et roi d'Italie. M. en 1821.

NAVARIN. Ville de Grèce avec un vaste port, où l'armée navale anglo-française incendia la flotte turco-égyptienne en 1827.

NECKER. Né en 1732, célèbre économiste, homme d'Etat et écrivain, fut ministre des finances sous Louis XVI de 1776 à 1781 et de 1788 à 1789. Son renvoi causa un soulèvement pendant lequel eut lieu la prise de la Bastille. Mme de Staël était sa fille. M. en 1804.

NEMOURS. Né en 1814, deuxième fils du roi Louis-Philippe.

NESLE. Né en 1319. Jean II, dit le Bon, roi de France de 1350 à 1364.

NEUFCHATEAU. Ch.-l. d'arr. (Vosges).

NEWTON. Né en 1643, savant Anglais, le plus vaste génie des temps modernes, éclipsa la gloire de tous ses devanciers par ses immortelles découvertes en mathématiques, en physique et en astronomie. Il créa l'analyse infinitésimale, décomposa la lumière au moyen du prisme, posa les principes de l'optique, réunit par un lien commun les lois de Kepler, en démontrant qu'elles sont le résultat de la gravitation universelle et fonda ainsi sur des bases solides le système du monde. M. en 1727

NEY. Né en 1769, maréchal de l'empire, duc d'Elchingen, contribua aux succès de la grande armée dans toutes les guerres d'Allemagne et mit le comble à sa gloire dans la bataille de la Moskowa. Pendant la retraite de Russie, il fit des prodiges de valeur et sauva les débris de nos troupes. En 1814, il se rallia aux Bourbons et quand Napoléon revint de l'île d'Elbe, il se joignit à lui. Arrêté après les Cent-Jours, il fut traduit devant la Cour des pairs, condamné et fusillé le 7 décembre 1815

NICE. Ch.-l. du dép. des Alpes-Maritimes, réunie à la France en 1860.

NICOLAI. Né en 1747, premier président de la Cour des comptes, membre de l'Acad. fr. M. sur l'échafaud en 1794.

NICOLAS (St-). Ev. de Myre, en Lucie, au IVe s.

NICOLAS FLAMEL. Célèbre écrivain au XVe s., qui acquit des richesses immenses par des moyens inconnus, qu'il consacra à la fondation de quatorze hospices et sept églises. M. en 1413

NICOLE. Né en 1625, un des illustres écrivains de Port-Royal, connu surtout par ses *Essais de morale*. M. en 1695.

NICOLO. Né en 1777, compositeur Maltais, d'origine fr., embellit de sa musique gracieuse vingt-neuf opéras-comiques dont la plupart ont eu un grand succès. M. en 1818.

NICOT. Né en 1530, ambassadeur de François II en Portugal, introduisit en France, vers 1560, le *tabac*, plante qu'on appela de son nom *Nicotiane*. Mort en 1600.

NIEPCE. Né en 1765, inventeur de la photographie. M. en 1833.

NIL. Fleuve d'Afrique.

NOLLET. Né en 1700, physicien, membre de l'Acad. des sc. M. en 1770.

NORMANDIE. Anc. prov. dont la capit. fut Rouen, forme aujourd'hui cinq dép.

OBERKAMPF. Né en 1738, honnête industriel Allemand, créateur de la manufacture des toiles peintes de Jouy, refusa la dignité de sénateur que le premier consul lui offrit. M. en 1815.

OBLIGADO. Lieu situé sur le Parana où les flottes de France et d'Angleterre battirent, en 1845, les troupes de Rozas et forcèrent le Parana.

ODESSA. Ville et port de la Russie sur la mer Noire, bombardé par les escadres fr. et ang., le 10 avril 1854.

OLIER. Né en 1608, curé de St-Sulpice, fonda un séminaire à Vaugirard et commença, en 1646, la construction de l'église St-Sulpice et du séminaire qui en est voisin. M. en 1657.

OLIVIER DE SERRES. Né en 1539, naturalisa l'industrie de la soie en France. M. en 1619.

OMER TALON. Né vers 1595, avocat général au Parlement de Paris, auteur des *Mémoires* estimés. M. en 1652.

OPPORTUNE. (Ste-). Abbesse de Montreuil, au VIIIe s. M. en 770.

ORAN. Ville et port d'Algérie, occupé par les Français, en 1831.

ORLÉANS. Louis de France, duc d'Orléans, deuxième fils de Charles V, assassiné par Jean-sans-Peur, en 1407.

ORNANO. Famille originaire de Corse, dont plusieurs membres se sont distingués dans l'armée fr.

ORSAY. Prévôt des marchands de 1700 à 1708.

OUDINOT. Né en en 1767, duc de Reggio, maréchal de l'empire, gagna sur le champ de bataille de Wagram ses dignités qu'il avait méritées par d'anciens faits d'armes et qu'il honora par de nouveaux jusqu'en 1814. A cette époque il adhéra à la Restauration et lui resta fidèle dans les Cent-Jours. M. en 1847.

SAINT-OUEN. Evêque de Rouen au VIIe siècle.

PAILLET. Né en 1796, avocat éloquent, représentant du peuple et défenseur de Boizeau dans l'affaire Fieschi. M. en 1855.

PAJOL. Né en 1772, général de cavalerie, commanda la division de Paris sous les Bourbons et passa à Napoléon dans les Cent-Jours. Fut un des héros de la révol. de juillet. M. 1844.

PAJOU. Né en 1730, célèbre statuaire français, membre de l'Institut. M. en 1809.

PALATINE. Nom porté par Anne de Bavière, femme du prince de Condé.

PALESTRO. En mémoire de la célèbre bataille gagnée par les Français sur les Autrichiens, le 31 mai 1859.

PALI-KAO. Grande victoire des Français, sous les ordres du général Cousin-Montauban, sur les Chinois, le 21 septembre 1860.

PALMYRE Ville de Syrie, fondée par Salomon, capitale de la Palmyrène.

PAPILLON Né en 1727, intendant des menus plaisirs du roi. M. sur l'échafaud en 1794.

PAPIN. Né en 1647, médecin, physicien et mécanicien, inventa le *digesteur* et la machine à vapeur atmosphérique, qu'il proposa d'employer à la navigation et à la balistique. M. en 1701.

PARME. Ville d'Italie, anc. cap. du duché de ce nom. Fut réunie à la France en 1802.

PARMENTIER. Né en 1737, célèbre agronome, membre de l'Institut, dont le plus beau titre de gloire fut de faire cultiver en France la pomme de terre. M. en 1813.

PASCAL. Né en 1623, géomètre, philosophe et écrivain, auteur des *Provinciales*, où il fit voir tout ce que la langue française a d'énergie et de finesse, et des *Pensées*, où son véritable génie se manifesta. M. en 1662.

PASQUIER. Né en 1529, jurisconsulte érudit, avocat général à la Cour des comptes sous Henri III, célèbre par son plaidoyer contre les jésuites et par ses *Recherches sur la France*. M. en 1605.

PATAY. Ch.-l. de c., arr. d'Orléans. Théâtre de la victoire de Jeanne d'Arc sur Talbot, qui y fut fait prisonnier en 1429.

PAUL (St). Subit le martyre à Rome, sous Néron, en l'an 66.

PAUL LELONG. Architecte, chargé de construire les bâtiments du Timbre, mourut avant l'achèvement de cet édifice, en 1845.

PAUQUET. Nom d'un avocat qui avait coopéré à l'ouverture de cette rue. M. en 1839.

PAYEN. Fondateur de l'ordre des Templiers au XIIe s., dont il fut le premier grand-maître.

PENTHIÈVRE. Nom d'un des fils du roi Louis-Philippe, qui porta le nom de duc de *Penthièvre*.

PERCIER. Né en 1764, architecte, membre de l'Institut. M. en 1838.

PEREIRE (Emile et Isaac). Banquiers français, nés le premier en 1800, le second en 1806, anciens députés au Corps législatif, créateurs de grandes sociétés de crédit qui ont eu un fâcheux retentissement.

PERGOLÈSE. Né en 1704, compositeur napolitain, dont le *Stabat* est le chef-d'œuvre de la musique d'église. M. en 1737.

PERIGNON. Membre du Conseil municipal de la ville de Paris en 1820.

PÉRINE (Sainte). Vivait à Rome du temps de saint Pierre et y subit le martyre.

PERNELLE. Nom de la femme du célèbre Nicolas Flamel.

PERNETY. Né en 1716, bénédictin, fondateur d'une secte à Avignon. M. en 1801.

PERRAULT. Né en 1613, médecin d'abord, puis architecte, s'est immortalisé en fournissant les dessins du nouveau Louvre. M. en 1688.

PERRÉE. Né en 1761, marin très-intrépide. Soutint à bord du vaisseau *le Généreux* un combat contre quatre vaisseaux anglais commandés par Nelson et fut tué en 1800.

PERRONET. Né en 1708, fondateur de l'École des ponts-et-chaussées. M. en 1794.

PÉTERSBOURG (Saint). Capitale de l'empire russe.

PETIT. Né en 1674. Chirurgien et anatomiste céléb, membre de l'Acad. des Sc. M. en 1750.

PÉTRARQUE. Né en 1304. Célèbre poète italien. Le chaste amour qu'il conçut à Vaucluse pour pour la belle Laure, lui inspira ses sonnets et ses *canzone*, si remarquable par la délicatesse du sentiment et par le charme de l'expression. M. en 1374.

PÉRIGNON. Né en 1800. Magistrat fr., député et représentant du peuple. M. en 1526.

PHILIPPE (St). Un des douze apôtres, alla prêcher l'Evangile dans la Phrygie et y mourut v. 80.

PHILIPPE-AUGUSTE. Roi de France de 1180 à 1223, succ. de Louis VII.

PHILIPPE DE CHAMPAGNE. Né en 1603. Célèbre peintre, élève de N. Poussin M. en 1674.
PHILIPPE DE GÉRARD. Né en 1775. Savant ingénieur à qui la France doit d'utiles inventions mécaniques, dont la plus célèbre est la machine à filer le lin. M. en 1845.
PIAT. Né en 1774, gén. fr., sénateur. M. en 1862.
PICARDIE. Anc. prov., cap. Amiens, forme auj. 5 dép.
PICCINI. Né en 1728. Grand compositeur italien, rival de Gluck. M. en 1800.
PICOT Né en 1786. Peintre fr., membre de l'Institut. M. en 1868.
PIERRE (St). Apôtre, subit le martyr en 67.
PIERRE LESCOT. Né en 1510. Restaurateur de l'architecture en France, éleva la façade du vieux Louvre et la fontaine des Innocents. M. en 1571.
PIGALLE. Né en 1714. Célèbre statuaire, dit le *Phidias français*. M. en 1785.
PINEL. Né en 1745. Aliéniste d'un grand mérite, un des principaux médecins de la Salpêtrière, membre de l'Institut. M. en 1826.
PLACIDE (St). Célèbre disciple de saint Benoît.
PLANTIN. Né en 1514. Célèbre imprimeur. M. en 1589.
POISSY. Ch.-l. de c., arr. de Versailles, célèbre par la conférence tenue dans cette ville, en 1561, entre les catholiques et les protestants, et les troubles qui en suivirent.
POITOU. Anc. prov., capit. Poitiers, forme auj. 3 dép.
PONCELET. Né en 1788. Géomètre, général du génie, membre de l'Institut, professeur à la Sorbonne et au collège de France. M. en 1867
PONT-DE-LODI. En mémoire du combat livré aux Autrichiens par les Français, en 1796, dans

le village de *Lodi*, dont le *pont* fut le principal théâtre de l'action.

PONIATOWSKI. Né en 1763. Neveu du dernier roi de Pologne, se distingua dans les guerres de son pays, passa ensuite au service de la France, fut nommé maréchal de l'Empire à Leipsick, et se noya deux jours après, dans l'Elsler. M. en 1848.

PONTHIEU. Pays et comté de la Picardie; capit. Abbeville.

PONTOISE. Ch.-l. d'arr. du dép. de la Seine-et-Oise.

POPINCOURT. Premier président du parlement de Paris de 1403 à 1443 sous Charles VI.

PORT-MAHON. Cap de l'île de Minorque, en souvenir de la prise de cette ville par le maréchal Richelieu en 1756.

PORTALIS. Né en 1746. Grand jurisconsulte, membre de l'Acad. fr., ministre des cultes et de l'Intérieur sous Napoléon I. M. en 1807.

PRESBOURG. Ville de Hongrie; une traite célèbre y fut signé qui donna à Napoléon le royaume de Venise.

PRIMATRICE. Né en 1490. Peintre et architecet bolonais, embellit le chateau de Fontainebleau de ses peintures et traça les dessins pour le château de Chambord. M. en 1570.

PRINCE EUGÈNE. Né en 1781. Fit la campagne d'Italie et d'Egypte sous Bonaparte, son beau-père, qui devenu empereur, le nomma prince, vice-roi d'Italie, et le maria avec la fille du roi de Bavière. Il resta toujours fidèle à la cause de Napoléon. M. en 1824.

PRONY. Né en 1755. Ingénieur et mathématicien, membre de l'Acad. des Sc. M. en 1839.

PROVENCE. Frère de Louis XVI qui porta le titre de duc de Provence et qui devint roi de France sous le nom de Louis XVIII.

PRUDHON. Né en 1760. Grand peintre, membre de l'Institut. M. en 1823.
PUEBLA. Ville du Mexique, prise par les Français plusieurs fois.
PUGET. Né en 1622. Statuaire, l'honneur du ciseau français, se distingua aussi comme peintre, comme architecte et comme constructeur de vaisseau. M. en 1694.
PYRAMIDES. Célèbre bataille gagnée par les Français sur les Mamelucks en 1798.
QUENTIN (St). Souffrit le martyre en 287.
QUINAULT Né en 1635, poëte dramatique, membre de l'Acad. fr. créa le drame lyrique fr., et le porta à un degré de perfection que personne n'a pu lui donner depuis. M. en 1688.
RABELAIS. Né en 1483. Auteur satirique plein d'originalité, d'esprit et de verve. *Gargantua* et *Pantagruel* offrent le grand style et la profonde satire de l'homme et de la société. M. en 1553.
RACINE. Né en 1639. Le plus grand poète pour la beauté des images, la noblesse des sentiments la pureté et l'harmonie du style. M. en 1699
RAFET Né en 1804. Peintre et dessinateur distingué. M. en 1860.
RAMBUTEAU Né en 1781. Préfet de la Seine de 1833 à 1848, membre de l'Institut. M. en 1869
RAMEAU. Né en 1683. Célèbre compositeur dont les opéras excitèrent un vif enthousiasme. Auteur de *Castor* et *Pollux*, *Pygmalion* etc. M. en 1764.
RAPHAEL. Né en 1483. Le plus grand peintre de toutes les écoles modernes, dont le pinceau n'a produit que des chefs-d'œuvre, parmi lesquels le plus remarquable est la transfiguration. M. en 1520.
RAPP. Né en 1772. Général Français défendit

vaillamment Dantzick, en 1813, et obtint une capitulation honorable. Il ne servit pas dans les Cent-Jours et reçut de Louis XVIII la pairie. M en 1824.

RAVIGNAN. Né en 1793. Jésuite, célèbre prédicateur. M. en 1858.

RAYNOUARD. Né en 1761. Poète dramatique, secrétaire perpét. de l'Acad. fr. s'illustra par sa tragédie des *Templiers*. Membre du Corps législatif sous l'Empire, il rédigea en 1813, la fameuse adresse sur l'état de la France. M. en 1836.

RÉAUMUR Né en 1683. Physicien naturaliste, membres de l'Académie des Sc. Inventa le thermomètre qui porte son nom. M. en 1755.

REGIS. Né en 1632, grand savant, professa la philosophie de Descartes à Monpellier et à Paris. M. en 1707.

REGNARD. Né en 1647, le second des poëtes comiques français, représenta avec une grande verve de plaisanterie, les mœurs dépravées de son temps. *Le Joueur* et *les Ménechmes* sont ses chefs-d'œuvres. M. en 1709.

REGNIER. Né en 1573, excellent poëte satirique, imita d'une manière originale les auteurs de l'antiquité. M. en 1613.

REILLE Né en 1775, maréchal de France. Se distingua dans toutes les grandes guerres du premier Empire, battit les Russes à Ostralenka et eut le commandement de l'armée de l'Ebre. Il mit le comble à sa gloire en sauvant, par une stratégie admirable, les restes de l'armée battue à Vittoria et trois armées d'Espagne, et combattit avec héroïsme à Waterloo à la tête du 2e corps. Il avait pris part à cent quarante-deux batailles ou combats. M. en 1860.

REINE BLANCHE. Épouse de Louis VIII, mère de Saint-Louis.

REINE HORTENSE. Née en 1783. Fille du comte de Beauharnais, épousa en 1802 Louis Bonaparte, frère du premier consul, devint reine de Hollande en 1806 et eut trois fils, le dernier, seul vivant aujourd'hui, est l'empereur Napoléon III. M. en 1837.

REMBRANDT. Né en 1606, peintre hollandais d'une rare habilité pour le coloris et le clair-obscur, et dont les compositions sont pleines de vie et d'imagination. M en 1668.

RENNEQUIN. Né en 1644, fit la célèbre machine de Marly, qui seule fournissait l'eau potable à cette époque. M. en 1708.

RENNES. Ch.-l. du dép. d'Ille-et-Vilaine.

RESTAUT. Né en 1696, gram fr. M. en 1764.

RHIN. Grand fleuve qui sépare la France de l'Allemagne.

RICHRAD-LENOIR. Né en 1765, célèbre industriel, créa le premier le filage et le tissage de coton. M. en 1830.

RICHELIEU. Né en 1585, célèbre ministre de Louis XIII, se proposa d'anéantir les factions à l'intérieur et d'abaisser la maison d'Autriche, y parvint en combattant les grands et en formant des alliances avec la Hollande, l'Angleterre et la Suède. Il rendit à la France la suprématie politique, fit fleurir les lettres et fonda l'Académie. M. en 1642.

RICHEPANCE. Né en 1770, général distingué de la République, décida la victoire de Hohenlinden et réprima la révolte de la Guadeloupe, où il mourut de la fièvre jaune, en 1807.

RICHER. Échevin de la ville de Paris, 1780 à 1782

RICHERAUD. Né en 1779, chirurgien en chef de

l'hôpital Saint-Louis, professeur à l'école de médecine. M. en 1840.

RIGAUD. Né en 1659, bon peintre de portraits. M. en 1743.

RIGNY. Né en 1783, vice-amiral, commanda l'escadre française à Navarin et devint, sous Louis-Philippe, ministre de la marine et ministre des relations extérieures. M. en 1835.

RIQUET. Né en 1604, célèbre ingénieur qui construisit le canal du Midi. M. en 1680.

RIVOLI. Ville d'Italie, en mémoire de la grande bataille gagnée par les Français sur les Autrichiens en 1797.

SAINT ROCH. Né en 1295, grand philantrope, donna tout son bien aux pauvres et soigna les pestiférés en Italie. M. en 1327.

ROCHAMBEAU. Né en 1725, se distingua dans les guerres d'Amérique, fut nommé maréchal par Louis XVI, en 1791 ; chargé du commandement de l'armée du Nord, ne put rétablir la discipline et se retira. Sauvé de la mort par le 9 thermidor, il trouva sous Napoléon une digne récompense de ses services. M. en 1807.

ROCHECHOUART. Nom d'une abbesse de Montmartre. M. en 1727.

ROCROY. Ch.-l. d'arr. du dép. des Ardennes, célèbre par la grande victoire de Condé sur les Espagnols en 1643.

ROGER. Né en 1776, littérateur, membre de l'Académie française. Ses œuvres les plus connues sont : *l'Avocat* et *la Revanche*. M. en 1842.

ROHAN. Né en 1734, ambassadeur à Vienne, évêque de Strasbourg, cardinal et grand aumônier, se rendit fameux par ses galanteries, ses dilapidations, et surtout par son rôle de dupe dans l'affaire du *Collier*, qui le fit mettre à la Bastille. M. en 1803.

ROI DE ROME. Né en 1811, fils de Napoléon Ier, emmené en Autriche en 1814, proclamé empereur pendant son absence, en 1815, et mort à Vienne, duc de Reichstadt, en 1832.

ROLLIN. Né en 1661, professeur d'éloquence, recteur de l'Université, membre de l'Institut, auteur de plusieurs ouvrages d'histoire et d'un excellent *Traité des études*. M. en 1741.

SAINT-ROMAIN. Evêque de Rouen en 626.

ROME. Ville d'Italie, résidence du pape; assiégée et prise par Garibaldi et le gén. Oudinot, le 3 juillet 1848.

ROSSINI. Né en 1792, le plus célèbre des compositeurs italiens contemporains, auteur du *Barbier de Séville*, de *Guillaume Tell* et de beaucoup d'autres chefs-d'œuvre. Arrivé, à l'âge de 37 ans, en pleine possession de son génie et de sa renommée, il cessa de produire. Dans les 39 ans qui s'écoulèrent depuis, il ne donna qu'une *Messe* et un *Stabat*. M. en 1868.

ROTROU. Né en 1609, poète dramat., auteur des tragédies de *Venceslas* et de *Chosroes*, s'illustra plus par ses vertus que par ses talents. M. 1650.

ROUBAIX. Ch.-l. de c., arr. de Lille (Nord).

ROUBO. Menuisier-mécanicien du XVIIIe s., qui avait exécuté la charpente de la coupole de la halle au blé.

ROUELLE. Né en 1703. Chimiste distingué. M. en 1770.

ROUEN. Ch.-l. du dép de la Seine-Inf. Jeanne d'Arc y fut brûlée en 1431.

ROUGEMONT. Riche banquier à Paris. M. en 1839.

ROUSSEL. Né en 1742, médecin philosophe, auteur de l'ouvrage le *Système physique et moral de la femme*. M. en 1802.

ROUSSIN. Né en 1784, amiral, deux fois ministre de la marine sous Louis-Philippe et membre de l'Acad. des sc. M. en 1854.

ROVIGO. Né en 1774, général de l'Empire, connu surtout pour son dévouement à Napoléon. M. en 1833.

ROY. Né en 1765, avocat et très-riche propriétaire, devint, sous la Restauration, ministre des finances et pair. M. en 1847.

ROYER-COLLARD. Né en 1763, écrivain éloquent et profond, professeur de philosophie en 1811 et député sous la Restauration. Spiritualiste en philosophie, rationaliste en politique, sans toutefois renoncer à ses convictions royalistes. M. en 1846.

RUBENS. Né en 1577, un des plus grands peintres de l'école flamande et de toutes les écoles. M. en 1640.

RUDE. Né en 1795, sculpteur, auteur de la statue en bronze du maréchal Ney et du *Départ de 1792* sur l'Arc-de-Triomphe de l'Etoile. Mort en 1855.

RUSTIQUE (Saint-). Un des compagnons de St-Denis, qui subit avec lui le martyre à la fin du IIIe siècle.

SAINT-SABIN. Avocat au Parlement, échevin de la ville, de 1775 à 1777.

SAID. Nom arabe de la Haute-Egypte.

SAIDA. Ville de Syrie.

SAIGON. Ville forte de Cochinchine prise par l'armée française en 1861.

SAINTONGE. Anc. prov. comprise dans la Charente-Infér., capit. Saintes.

SALOMON DE CAUS. Né au XVIe s., ingénieur et architecte, auteur du savant ouvrage intitulé *Raisons des forces mouvantes*, est regardé par Arago comme le premier inventeur de la machine à vapeur. M. en 1630.

SAMBRE. Rivière de France et de Belgique.

SANTEUIL. Né en 1630, poète latin moderne, célèbre par ses belles hymnes de bréviaire de Paris et par ses inscriptions qui ornent les fontaines et les monuments de cette ville. M. en 1697.

SARTINE. Né en 1729, habile lieutenant-général de la police sous Louis XV et ministre de la marine sous Louis XVI. M. en 1801.

SAUSSURE. Né en 1741, célèbre naturaliste et physicien. Son ouvrage *Voyages dans les Alpes* est remarquable par un beau style et une admirable philosophie. M. en 1799.

SAUVAGE. Né en 1706, médecin et botaniste, se signala par son humanité non moins que par son vaste savoir. M. en 1767.

SAUVAL. Né en 1620, historien, qui a écrit sur les antiquités de Paris. M. en 1670.

SAINT-SAUVEUR. Congrégation de religieuses fondée en 1344 par Sainte-Brigitte.

SAVOIE. Ancienne province d'Italie annexée à la France en 1860.

SAXE. Né en 1696. Maréchal de France, vainqueur de Fontenoy, de Rocoux et de Laufeld. On a de lui un ouvrage intitulé *Mes rêveries*, très-précieux pour l'art militaire. M. en 1750.

SAY. Né en 1767. Économiste et littérateur distingué. M. en 1832.

SCHEFFER. Né en 1785. Peintre français, habile dans l'art de la composition. Le tableau de *sainte Monique et de saint Augustin* et celui de *Françoise de Romini* sont ses chefs-d'œuvre. M. en 1858.

SCHOMBERG. Né en 1527. Général des Allemands au service de Henri IV, tué à la bataille d'Ivry en 1592.

SCRIBE. Né en 1791. Célèbre auteur dramatique,

membre de l'Académie française, auteur de beaucoup de chefs-d'œuvre joués au Théâtre-Français. M. en 1861.

SÉBASTIEN. (St). Né vers 250. Fut livré au supplice sous Dioclétien en 288.

SÉBASTOPOL. Ville forte de Crimée, prise d'assaut par l'armée Anglo-Française en 1855.

SEDAINE. Né en 1719. D'abord maçon, puis secrétaire de l'Académie d'architecture et membre de l'Académie française, s'éleva au premier rang des auteurs dramatiques du xviiie s. par ses opéras comiques et par ses deux comédies uniques en leur genre, le *Philosophe sans le savoir* et la *Gageure imprévue*. M. en 1797.

SÉGUIER. Né en 1588. Chancelier sous Louis XIII et Louis XIV. Il prit part à la fondation de l'Académie et présida la Commission qui jugea Fouquet. M. en 1672.

SÉGUIN. Né en 1768. Économiste, collaborateur de Fourcroy et Berthollet. M. en 1835.

SÉGUR. Né en 1655. Maréchal de France. M. en 1783.

SERURIER. Né en 1742. Général de la République, prit part au 18 brumaire et devint sénateur, gouverneur des Invalides et maréchal de de l'empire. M en 1819.

SERVAN. Né en 1737. Magistrat, auteur d'un *discours sur la justice criminelle* qui excita un enthousiasme universel. M. en 1807.

SERVANDONI. Né en 1695. Peintre et architecte, membre de l'Institut, exécuta le portail de Saint-Sulpice. M. en 1766.

SÉVERIN (St). Nom de plusieurs saints dont le plus connu est celui qui mourut à Paris en 955.

SÉVIGNÉ. Née en 1626, femme illustre par les

qualités de son cœur et de son esprit et dont la plume créa en courant des chefs-d'œuvre épistolaires sur l'inspiration d'un sentiment maternel. M. en 1694.

SÈVRES. Chef-lieu de canton, arrondissement de Versailles.

SIBOUR. Né en 1793. Archevêque de Paris, poignardé pendant qu'il officiait par un prêtre nommé Verger, en 1857.

SIMONIENS (Sts). Secte fameuse ayant pour but la réorganisation sociale, elle fut dissoute par les tribunaux en 1833.

SŒUR ROSALIE. Née en 1787. Madame Rendu, en religion sœur Rosalie, se signala par une grande charité; elle fut décorée de Légion d'honneur par le général Cavaignac. M. en 1866.

SOISSONS. Chef-lieu d'arrondissement du département de l'Aisne.

SOLFERINO. Ville d'Italie célèbre par la victoire des Français sur les Autrichiens en 1859.

SOUFFLOT. Né en 1714. Célèbre architecte du Panthéon. M. en 1781.

SOULT. Né en 1769. Maréchal de l'empire, duc de Dalmatie, se signala par ses habiles manœuvres à Austerlitz, par la prise de Kœnigsberg et par d'autres victoires dans la Péninsule. Devint ministre de la guerre sous la Restauration et sous Louis-Philippe, et se retira, vers 1847, avec le titre de général-maréchal. M. en 1852.

SPONTINI. Né en 1774. Célèbre compositeur allemand, auteur de la *Vestale*, de *Fernand Cortez* etc. M. en 1851.

STEPHENSON. Né en 1803. Célèbre ingénieur Anglais, inventeur de la locomotive et constructeur de deux ponts-tubes en fer qui sont des merveilles du génie industriel. M. 1859.

STOCKHOLM. Capitale de la Suède.
STRASBOURG. Chef-lieu du dép. du Bas-Rhin.
SUCHET. Né en 1772 Général fr Se distingua dans les guerres d'Italie et d'Allemagne et mit le comble à sa gloire en Espagne, par de grands faits d'armes qui lui valurent successivement le bâton de maréchal et le duché d'Albuféra. M. en 1826.
SUFFREN. Né en 1726. Vice-amiral s. Louis XVI, vainqueur des Anglais sur terre comme sur mer dans les Indes, pendant la guerre d'Amérique. M. en 1788.
SUGER. Né en 1032. Abbé de Saint-Denis, ministre de Louis VI et de Louis VII, régent du royaume pendant la croisade de ce dernier roi. M. en 1152.
SULLY. Né en 1559. Ami et minist. de Henri IV, paya la dette de l'Etat, de 330 millions, et mit en réserve un trésor considérable. Donna un grand développement à l'agriculture. M. en 1641.
SAINT-SULPICE. Evêque de Bourges au xvie s.
SURCOUF. Né en 1773. Marin fr qui fut la terreur du commerce anglais. M. en 1827.
TAILLEBOURG. Village de la Charente-Inf., célèbre par la victoire de Saint-Louis sur les Anglais.
TAITBOUT. Greffier de la ville de Paris en 1775.
TALMA. Né en 1763. Grand tragédien qui plaisait fort à Napoléon, dans l'intimité duquel il était admis. M. en 1826.
TANGER. Ville et port de Maroc, bombardé et pris les Français en 1844.
TARANNE. Echevin de la ville de Paris, en 1417.
TARBÉ. Né en 1753. Avocat et ministre des finances. M. en 1806.
TARDIEU. Famille célèbre dans l'art de gravure.

TÉHÉRAN. Capit. de la Perse.
TERNAUX. Né en 1765. Manufacturier, mécanicien, magistrat, député, qui introduisit en France et améliora la race des chèvres de cachemire. M. en 1833.
TESSIER. Né en 1740. Agronome, membre de l'Institut. M. en 1837.
THÉNARD. Né en 1777. Célèbre chimiste, membre de l'Acad des Sc M. en 1857.
THERESE (Marie). Née en 1638. Fille de Philippe IV et épouse de Louis XIV. M. en 1683.
THÉRÈSE (Ste). Née en 1515. Fondatrice du premier monastère des carmes déchaussés. M. en 1582.
THERMOPYLES. Défilé au pied du mont Œta, dans la Thessalie, célèbre par le dévouement de Léonidas et des 300 Spartiates, 480 av. J.-C.
THIBAUD Nom commun à plusieurs comtes de Champagne.
THIERRY. Né en 1795. Historien d'un gr. mérite, le fondateur et le modèle de la nouvelle école historique. M. en 1856.
THIONVILLE. Ch.-l. d'arr. du dép. de la Moselle, a soutenu en 1792 un siége célèbre contre les émigrés et les Autrichiens.
THOMAS-D'AQUIN. Né en 1227. Dominicain, professa la théologie à Paris. Ses ouvrages capitaux sont la *Somme théologique* et la *Somme contre les gentils*. M. en 1274.
THORIGNY. Président de la première chambre des requêtes. du Parlement de 1717 à 1727.
THOUIN. Né en 1747. Professeur de culture au Jardin-des-Plantes, membre de l'Institut. M. en 1823.
TILSITT. Ville de Prusse, célèbre par la paix qu'y dicta Napoléon à la Prusse et à la Russie en 1807.

TOLBIAC. Village près de Cologne où Clovis remporta une grande victoire sur les Allemands en 495.

TORCY. Né en 1665. Neveu du grand Colbert. Auteur des *Mémoires* qui renferment des documents précieux pour l'histoire. M. en 1746.

TORICELLI. Né en 1608. Physicien et géomètre italien, disciple de Galilée, inventa le baromètre. M. en 1647.

TOULLIER. Né en 1752. Jurisconsulte. Auteur d'un excellent commentaire du code civil. M. en 1835.

TOURNEFORT Né en 1656. Célèbre botaniste. On lui doit une classification méthodique des plantes. M. en 1708.

TOURNON. Né en 1489. Abbé de Saint-Germain, cardinal et ambassadeur. M. en 1562.

TOURVILLE. Né en 1642. Maréchal de France, fut une des gloires de la marine française sous Louis XIV. M. en 1701.

TOUSTAIN. Né en 1700. Bénédictin, auteur du *Nouveau traité diplomatique* et d'autres ouvrages. M. en 1754.

TRACY. Né en 1754, idéologue, sénateur, pair de France et membre de l'Acad. fr. M. en 1836.

TRAKTIR. Ville de Crimée, célèbre par la victoire des Français sur les Russes, en 1855.

TREILHARD. Né en 1742, jurisconsulte, membre de la Constituante, de la Convention, du comité de Salut public et du Directoire, conseiller d'Etat sous le Consulat et comte o l'Empire, prit part à la discussion des Codes. M. en 1810.

TREVISE. Ville de la Vénétie, prise par les Français, en 1797, et fut neuf ans sous l'Empire ch.-l. du dép. du Tagliamento.

TREZEL. En l'honneur du général qui se distingua en Algérie, en 1835.

TRONCHET. Né en 1726, jurisconsulte, premier président de la Cour de cassation, fut un des conseils de Louis XVI devant la Convention nationale. M. en 1806.

TROCADÉRO. Fort d'Espagne qui fut pris par l'armée fr. en 1823.

TRONÇON DU COUDREY. Né en 1750, avocat d'une grande éloquence, plaida pour un grand nombre de victimes du Tribunal révolutionnaire. M. en 1795.

TRUDAINE. Conseiller d'État, prévôt des marchands de 1716 à 1720.

TUNIS. V. d'Afrique, cap. de la régence de ce nom

TURBIGO. Grande victoire remportée par l'armée franco-italienne sur l'armée autrichienne, le 3 juin 1860.

TURENNE. Né en 1611, un des meilleurs capitaines des temps modernes, nommé maréchal général par Louis XIV, en 1660. Il dirigea les campagnes que ce roi fit en personne et se distingua dans toutes. Il périt atteint d'un boulet à Salzbach, en 1675.

TURGOT. Né en 1727, prévôt des marchands de 1729 à 1740, fit exécuter le curieux plan de Paris qui porte son nom. Père du ministre Turgot. M. en 1751.

TURIN. Ville d'Italie, anc. capit. du Piémont, occupée par les Français en 1796, 1798, 1800. devint jusqu'en 1814 ch.-l. du départ. de Pô.

ULM. Ville forte de Wurtemberg, célèbre capitulation de 1805 du général Autrichien Mack avec 30,000 h.

VANDAMME. Né en 1771, général de division qui prit part à toutes les glorieuses campagnes de l'Empire. M. en 1830.

VANNEAU. En mémoire d'un jeune homme, élève de l'Ecole polytechnique, tué le 29 juillet 1830 à l'attaque de la caserne Babylone.

VARENNES. Avocat et procureur du roi et de la ville en 1765.

VARENNE. Échevin de la ville, en 1763.

VAUBAN. Né en 1633, maréchal de France, porta l'art des siéges à une perfection qui n'a pas été dépassée et fut le véritable créateur de la tactique moderne; il prit part à 140 actions de vigueur. M. en 1707.

VAUCANSON. Né en 1709, célèbre grammairien, membre de l'Ac. des s. M. en 1783.

VAUGELAS. Né en 1585, célèbre grammairien, membre de l'Acad. fr., qui le nomma rédacteur en chef du Dictionnaire qu'elle publia. M. en 1650.

VAUQUELIN. Né en 1726, marin d'une intrépidité presque fabuleuse. M. en 1763.

VAUVILLIERS. Né en 1737, helléniste, professeur de grec et membre de l'Institut, président de la commune en 1789; il sauva Paris de la famine. M. en 1801.

VENDOME. Né en 1594, fils légitime de Henri IV et de Gabrielle d'Estrées. M. en 1665.

VENISE. Capit. de la Vénétie.

VENTADOUR. Nom d'une gouvernante de Louis XV.

VERA-CRUZ. Ville et port du Mexique, pris plusieurs fois par les Français.

VERDUN. Ch.-l. d'arr. du dep. de la Meuse.

VERNET. Né en 1789, célèbre peintre fr., membre de l'Institut. M. en 1863.

VACQUERIE. Premier président du Parlement de Paris, en 1481.

VALMY. Village du dép. de la Marne où Dumourier battit les Prussiens, en 1792.

VALOIS. Né en 1773, fils du duc d'Orléans, qui porta le titre de duc de Valois.

VERNEUIL. Henri de Bourbon, duc de Verneuil, abbé de St-Germain en 1640. Fils de Henri IV et de Henriette d'Entragues.

VERON. Né en 1798, publiciste, docteur en médecine, ancien directeur de l'Opéra, ancien député au Corps législatif, auteur des *Mémoires d'un Bourgeois de Paris* qui eurent un grand succès. M. en 1867.

VERSAILLES. Ch.-l. du dép. de Seine-et-Oise.

VESALE. Né en 1514. Médecin distingué, donna un nouvel élan à l'anatomie en bravant les préventions de l'époque, et en disséquant les cadavres. M. en 1564.

VEZELAY. Ch.-l. de c. arr. d'Avalon (Yonne).

VIARMES. Prév. des march. de Paris, 1758 à 1764.

VICQ-D'AZIR. Né en 1748. Célèbre médecin, professa l'anatomie à Paris, membre de l'Acad. fr. et de l'Acad. des sciences. M. en 1794.

VICTOR. (St.-) Pape de 185 à 197.

VICTOR COUSIN. Né en 1792. Philosophe éclectique et écrivain, membre de l'Acad. fr. et de l'Acad. des Sc. morales et politiques, professeur à la Sorbonne, ministre de l'Instruction publ. en 1840, et pair de France. M. en 1867.

VICTORIA. Née en 1819. Reine d'Angleterre depuis 1837.

VIENNE. Capit. de l'empire d'Autriche, occupée par les Français en 1806 et 1809.

VIGNY. Né en 1798. Poète, auteur dram., romancier, membre de l'Acad., connu surtout par son roman historique de *Cinq-Mars*, et son drame de *Chatterton*. M. en 1864.

VILLAFRANCA. Ville d'Italie. Célèbre par le traité de paix qui y fut conclu en 1859, entre la France et l'Autriche.

VILLARS. Né en 1653. Maréchal de France et pair, remporta en 1702 la bataille de Friedlingen défit les Impériaux à Hochotedt, en 1703, et fut vainqueur à Denain, en 1712, qui sauva la France et amena la paix de Rostadt. M. en 1634.

VILLEHARDOUIN. Né en 1176. Maréchal de Champagne, prit une part glorieuse à la 4e croisade, dont il retraça les événements dans une histoire pleine d'intérêt, d'éloquence et de poésie. M. en 1223.

VILLEJUIF. Ch.-l. de c. arr. de Sceaux (Seine).

VINCENNES. Ch.-l. de c. arr. de Sceaux (Seine).

VINCENT DE PAUL. (St.) Né en 1575. Prêtre d'une grande charité. Il institua les Sœurs de Charité, des hospices pour les enfants trouvés, pour les orphelins, pour les vieillards, etc. M. en 1660.

VINDÉ. Né en 1759. Savant et bibliophile distingué, habile agronome, membre de l'Acad. des Sciences, M. en 1842.

VINTIMILLE. Nom de la comtesse Philippe de Ségur, née de *Vintimille*.

VIRGILE. Né 69 av. J.-C. Prince des poëtes latins, protégé d'Auguste, ami de Mécène et d'Horace, auteur des *Eglogues*, des *Géorgiques*, de l'*Enéide*. M. 19 av. J.-C.

VISCONTI. Né en 1791. Célèbre architecte fr., membre de l'Acad. des Beaux-Arts, architecte de la Bibliothèque impériale et du nouveau Louvre. M. en 1854.

VITRUVE. Architecte romain du Ier s. av. J.-C., auteur d'un excellent traité de l'architecture.

VOLTA. Né en 1745. Physicien italien, inventa la pile voltaïque, appelée par Arago « le plus merveilleux instrument que les hommes aient jamais inventé ». M. en 1827.

VOLTAIRE. Né en 1694. Le plus grand génie du XVIIIe s. On sait dans quelle grande célébrité il vécut, objet de l'admiration universelle,

— 96 —

recherché de plusieurs rois que ses grands talents éblouissaient, et roi lui-même, roi de l'opinion, sur laquelle il exerça une prodigieuse influence, M. en 1778.

VOSGES. Dép. dont le ch.-l. est Épinal.

VOUILLÉ. Ch.-l. de c. arr. de Poitiers (Vienne); C'est là qu'on place la célèbre défaite d'Alaric, par Clovis Ier en 507. *W.*

WAGRAM. Village d'Autriche près de Vienne, en mémoire de la grande victoire que les Français remportèrent sur les Autrichiens en 1809.

WALHUBERT. En l'honneur du général qui fut tué à la bataille d'Austerlitz.

WATT. Né en 1736. Célèbre mécanicien anglais qui perfect. la machine à vapeur. M. 1819.

WATTEAU. Né en 1684. Peintre fr. bon coloriste; inventa un genre à la fois gracieux et bizarre. M. en 1721.

WILHELM. Né en 1779. Fondateur des Écoles populaires de chant en France. M. en 1842.

XAINTRAILLES. Ami et compagnon d'armes de La Hire, combattit avec Jeanne d'Arc à Orléans et à Patay, et se signala dans la guerre contre les Anglais, sous Charles VII qui le fit maréchal de France. M. en 1461.

YONNE. Dép. dont le ch.-l. est Auxerre.

YVART. Né en 1764. Agronome et vétérinaire, membre de l'Institut. Il fit les plus louables efforts pour améliorer l'agriculture en France. M. en 1831.

ZANCIACOMMI. Né en 1766. Conventionnel et membre du conseil des Cinq-Cents, président de la chambre des requêtes à la Cour de cassation, sous Louis-Philippe. M. en 1846.

Paris. — Typ. Gaittet, rue du Jardinet, 1

www.ingramcontent.com/pod-product-compliance
Lightning Source LLC
LaVergne TN
LVHW050637090426
835512LV00007B/905